★ 全国幼儿教师培训用书

梦山书系

王哼 ◎ 主编

幼儿园课题研究方案精选30例

海峡出版发行集团 | 福建教育出版社

图书在版编目（CIP）数据

幼儿园课题研究方案精选30例/王哼主编．—福州：福建教育出版社，2023.7

ISBN 978-7-5334-9645-6

Ⅰ．①幼… Ⅱ．①王… Ⅲ．①学前教育－教学研究 Ⅳ．①G612

中国国家版本馆CIP数据核字（2023）第056310号

You'eryuan Keti Yanjiu Fangan Jingxuan 30 Li
幼儿园课题研究方案精选30例
王哼 主编

出版发行 福建教育出版社
（福州市梦山路27号 邮编：350025 网址：www.fep.com.cn
编辑部电话：010-62027445
发行部电话：010-62024258 0591-87115073）
出 版 人 江金辉
印 刷 福州万达印刷有限公司
（福州市闽侯县荆溪镇徐家村166-1号厂房第三层 邮编：350101）
开 本 710毫米×1000毫米 1/16
印 张 13.25
字 数 178千字
插 页 1
版 次 2023年7月第1版 2023年7月第1次印刷
书 号 ISBN 978-7-5334-9645-6
定 价 39.00元

如发现本书印装质量问题，请向本社出版科（电话：0591-83726019）调换。

目录

以图画书为媒介开发传统节日文化课程的研究方案 / 001

依托绘本创编促进幼儿文学想象的研究方案 / 009

利用自制绘本提升幼儿语言表达能力的研究方案 / 014

以"阅读笔记"提升幼儿前书写核心经验的研究方案 / 021

以绘本为基础开发园本活动课程的研究方案 / 029

民间童谣融入幼儿园课程的研究方案 / 036

幼儿园创意戏剧课程开发与利用的研究方案 / 043

主题背景下的幼儿链式体育游戏审议的研究方案 / 050

基于多元智能理论的幼儿运动游戏的研究方案 / 058

情境式幼儿体育游戏活动研究方案 / 066

具身认知视域下幼儿快乐体操活动的研究方案 / 072

生活力思想下的幼儿学习力生长支持策略的研究方案 / 079

集体运动中幼儿自我保护能力提升的研究方案 / 086

利用生活教育提高幼儿自我服务能力的研究方案 / 094

一日生活中幼儿劳动能力评价的研究方案 / 100

幼儿园班级公约制定与实施的研究方案 / 106

基于自然资源的幼儿科学探究能力提升的研究方案 / 114

基于季节性主题课程的园内自然资源开发的研究方案 / 120

在幼儿园自然角开展问题式学习的研究方案 / 127

大班户外自主游戏深度学习策略的研究方案 / 134

自主游戏分享支持幼儿深度学习的研究方案 / 143

民间美术教育促进幼儿审美能力发展的研究方案 / 151

巧用废旧材料优化大班幼儿美术活动的研究方案 / 156

纸制材料促进幼儿创造力发展的研究方案 / 162

多元化信息技术促进幼儿语言发展的研究方案 / 167

引领家长践行《指南》机制和策略的研究方案 / 174

家园共育视角下的幼小衔接研究方案 / 181

家、园、社三方协同促进幼儿情商培养的研究方案 / 186

优化科学园本课程中提升教师专业能力的研究方案 / 193

课程游戏化下的幼儿园教师创造性智慧培养的研究方案 / 200

以图画书为媒介
开发传统节日文化课程的研究方案

一、研究背景

中华优秀传统文化是华夏民族的精神土壤，在幼儿时期进行本民族传统文化的启蒙教育，将增进幼儿对传统文化的亲切感，并从中汲取精神能量。在传统文化进校园的教育背景下，节日文化以其丰富性、包容性、发展性，成为幼儿园活动中宝贵的教育资源。教师逐渐认识到传统节日文化的重要性，并有意识地筛选传统节日内容开展教育活动。

实施幼儿园传统节日文化课程，成为传承中华传统文化的重要途径。但在课程实施过程中，许多教师缺少辩证看待传统节日文化的研究视角，对传统节日文化内涵与教育认识有待提高；没有深入思考和分析活动实施的目标与意义，同一节日针对不同年龄段幼儿的目标定位缺乏层次性与递进性；对于传统节日活动内容的选择，大多局限于艺术领域，缺乏与其他领域之间的深层联系与探讨；在组织与实施的过程中，多限于节日当天在园内举办热闹的节庆活动，缺少与家庭、社区资源的有效融合，幼儿进行传统节日文化体验的时间与空间的拓展不够；活动评价比较局限于活动中幼儿的行为表现，对于节日背后蕴含的文化内涵是否对幼儿的日常社会行为产生影响则关注较少。因此，构建科学、系统的幼儿园传统节日文化课程已迫在眉睫。

图画书形象生动鲜明、语言浅显易懂、情节丰富有趣，是幼儿喜欢的读物。近年来，在中华优秀传统文化传承发展的时代背景下，关于传统节日的图画书不断涌现，这些图画书无论从封面造型，还是图画内容都带有独特的文化印记与历史元素。幼儿在阅读这些书籍时，书中蕴含的节日文化也随之渗入心中。阅读过程中潜移默化的浸润，唤起了幼儿的文化自信感和文化认同感，对于探索、认识、传承中国传统节日文化具有深远意义。

图画书具备多元化的教育价值，教师可以充分挖掘图画书中涵盖的五大领域传统节日文化资源，通过不同途径与方式有效丰富传统节日文化的教育内涵。图画书作为重要的教育资源，还可以广泛运用到幼儿园、家庭、社区环境中，成为搭建三方协同育人的有效载体。

《完善中华优秀传统文化教育指导纲要》中提出"把中华优秀传统文化教育系统融入课程和教材体系"。作为幼教工作者，我们要对传统节日文化的传承与创新进行积极探究，在有效探索幼儿园不同年龄段的传统节日文化课程的目标、内容、组织实施和评价的基础上，不断梳理和凝练传统节日文化中宝贵的课程资源，并积极融合新时代元素，尝试将传统节日文化教育以新载体、新形式呈现于幼儿视野中，初步形成具有可操作性的幼儿园传统节日文化课程，丰富和完善传统节日文化课程的理论和实践内容，在传承与创新中赋予其新的时代内涵和现代表达形式，在不断探究创新中增进幼儿的文化自觉。

本课题"基于图画书的幼儿园传统节日文化课程开发与实践研究"，将以图画书作为资源和媒介，从文化的传承需求和时代要求出发，尝试拓展幼儿园传统节日文化课程实施的时间与空间，挖掘课程中的文化内涵，形成不同年龄段课程目标，尝试构建具有生活性、趣味性、体验性的传统节日文化课程，为其他幼儿园提供可借鉴的实践方法与策略。

二、研究目标

1. 以图画书为载体，挖掘图画书中传统节日文化教育的价值，让幼儿在阅读和活动体验中感受中国传统节日文化，建立民族自豪感与归属感。

2. 有效运用图画书资源构建传统节日文化课程，开展传统文化启蒙教育，提升教师课程的开发与实践能力。

3. 丰富传统文化的教育资源，拓展幼儿传统节日文化体验的时间与空间，形成可推广的传统节日文化教育的方法与策略。

三、研究内容

1. 图画书中传统节日文化教育价值的分析与研究。
2. 探究传统节日文化课程中图画书资源的运用原则与策略。
3. 构建传统节日文化课程，并探索其实施的路径与策略。

四、研究方法

1. 文献研究法：通过网站检索、资料查阅等方式，了解国内传统节日文化研究的现状、运用图画书开展传统节日文化课程的情况等。从文献中获得基于图画书的幼儿园传统节日文化课程的全面认识，进而发现问题，提出设想，进行验证。

2. 问卷调查法：选取幼儿园教师、家长、幼儿为主要调查对象，对当前传统节日文化课程在幼儿园实施的现状、内容组织，以及资源运用进行调查研究，了解当前基于图画书的幼儿园传统节日文化课程存在的问题。

3. 访谈法：通过对幼儿、教师、家长进行访谈，了解图画书在幼儿园传统节日文化课程中的运用和实施情况，从而了解实施过程中可能遇到的困难、容易出现的问题，以及融入课程的方式等，获得他们对本研究的建议和意见，以便更好地开展研究。

4.行动研究法：运用图画书开展幼儿园传统节日文化课程的实践，从而发现问题，认真反思，并进行针对性的调整，逐步形成科学系统的、可操作的基于图画书的幼儿园传统节日文化课程。

5.案例分析法：以幼儿园、家庭和社区为研究场景，观察传统节日文化课程实施前后幼儿的行为表现，分析其对幼儿传统节日文化认知及社会性发展的影响。

五、研究步骤

（一）准备阶段

1.成立课题小组，确定课题名称，收集关于传承中华传统文化的政策性的文件和全国同类课题的研究现状等资料。

2.按照传统文化教育的意义、界定、研究现状、实施策略，进行归纳整理，形成文档。

3.确定研究方向，写出初步的《课题申报评审书》。

4.课题组进行相关理论学习，撰写课题开题报告。

5.请专家组对课题研究方案的可行性进行论证，根据专家意见修改课题研究方案。

（二）实施阶段

1.关于运用图画书开展幼儿传统节日活动的现状调查。

（1）通过查阅文献，了解国内运用图画书实施传统节日教育活动的现状。

（2）通过访谈和设计问卷，以幼儿、教师、家长、社区工作人员为主要调查对象，了解当前幼儿园、家庭、社区开展传统节日教育活动的现状，其中包括图画书的运用现状。

（3）统计问卷、访谈数据，分析文献资料，撰写运用图画书开展传统节日教育活动的现状调查报告。

2.确立课程目标，初步形成以图画书为载体的幼儿园传统节日文化教育课程。

（1）传统节日文化课程目标的研究与确立。

① 学习关于中华优秀传统文化的重要论述，依据《3—6岁儿童学习与发展指南》（以下简称《指南》）社会领域发展目标中指出的"让幼儿在良好的社会环境及文化的熏陶中学会遵守规则，形成基本的认同感和归属感"，结合《运用图画书开展传统节日文化教育的现状调查报告》，制定八大传统节日文化教育课程总目标。

② 依据小、中、大班幼儿不同年龄段的特点和各领域发展目标，制定适合各年龄段传统节日文化教育的目标。

（2）选择适宜的图画书资源，形成图画书选择与运用的原则和策略。

① 教师依据教育目标，解读传统节日的核心价值，甄选适宜的八大传统节日主题图画书，挖掘图画书中传统节日文化的内涵。

② 教师投放甄选的传统节日主题图画书，幼儿根据兴趣自主选择，初步确定不同年龄段的节日主题图画书。

（3）基于以传统节日为主题的图画书，设计与八大传统节日为主题的活动。

① 结合幼儿园、家庭、社区三方教育资源的不同优势，确定主题实施路径。

② 依据节日主题，设计生活化、趣味化的八大传统节日系列活动。

3.运用图画书进行传统节日文化课程的实践。

（1）创设有特色的传统节日环境，开展不同年龄段多元化阅读及社会体验活动，形成典型案例。

（2）在幼儿园、家庭、社区开展不同年龄段的与传统节日文化相关的活动，让幼儿在不同的生活场景中持续进行生活化、趣味化的节日文化体验与实践。

（3）结合幼儿园、家庭、社区多方面的反馈，对活动进行相应调整，完善实施策略，形成基于图画书的幼儿园传统节日文化课程。

4.进行基于图画书的传统节日文化课程评价。

观察幼儿的日常生活行为、社会行为、文化行为的表现与变化，以图文、视频的形式记录其多元表达的方式，及时收集多方反馈资料，定期组织研讨活动，进一步调整并完善基于图画书的幼儿园传统节日文化课程。

（三）整理阶段

1.开展幼儿园、家庭和社区三方协同的典型案例现场交流展示活动，请同行、家长和社区工作者进行现场观摩；邀请教育专家现场指导，进行中期结题。

2.分析交流活动中专家与同行反馈的意见与建议，进一步修改、完善课程方案，形成基于图画书的传统节日文化课程系列活动。

3.分门别类整理课题研究过程中的各类资料（调查问卷、观察记录表、文字、图片、影像资料等）。

（四）总结论证阶段

1.撰写"基于图画书的幼儿园传统节日文化课程开发与实践研究"结题报告。

2.做好结题前的准备工作，邀请相关专家进行论证。

3.向其他园所推广研究成果。

六、实践操作

1.确立传统节日文化教育目标，甄选图画书，开发以传统节日为主题的系列活动。

依据《指南》社会领域发展目标中指出的"让幼儿在良好的社会环境及文化的熏陶中学会遵守规则，形成基本的认同感和归属感"，结合前期的《运用图画书开展传统节日文化教育的现状调查报告》，制定出传统节日文化教育课程总目标。并依据小、中、大班幼儿不同的年龄特点和各领域发展目标，制定适合各年龄段传统节日文化教育的目标。教师依据教育目标，解读传统节日的核心价值，甄选适宜的八大传统节日主题图画书，挖掘图画书中传统节日文化的内涵。同时将甄选的传统节日主题图画书投放到班级中，幼儿根据兴趣自主选择，初步确定不同年龄段的节日主题图画书后，设计系列节日主题活动并实施。

2.拓展传统节日主题活动体验的时间与空间，探究活动的新方式、新路径。

图画书作为重要的教育资源，可有效运用到幼儿园、家庭、社区等环境中，形成三方协同开展教育的载体，拓展节日主题中幼儿活动的时间（传统节日假期、寒暑假、双休日等）和空间（家庭、小区、公园等）。基于时间、空间上的拓展延伸，教师依据各节日主题，探究设计更加生活化、趣味化、体验更丰富的节日系列活动，例如开展亲子体验、节日游园、社区庆典、探寻节日由来的参观或研学活动等。

3.完善课程评价机制，初步形成可推广的传统节日文化教育课程。

课程评价是检验课程设计实施的有效手段，通常课程评价的主体是幼儿园。本课题致力于搭建三方协同育人平台，在评价的主体和方式上更加丰富和多元化。教师与家长共同观察幼儿的日常生活行为、社会行为、文化行为的表现与变化，以图文、视频的形式记录其多元表达的方式，及时收集多方反馈资料，定期组织研讨活动，进一步调整并完善基于图画书的幼儿园传统节日文化课程。幼儿园、家庭和社区三方协同开展现场交流展示活动，分析交流活动反馈的意见与建议，进一步修改、完善课程方案，形成基于图画书的传统节日文化课程，并积极向其他园所推广。

七、研究成效

在有效探索幼儿园不同年龄段的传统节日文化课程的目标、内容、组织实施和评价的基础上，我们不断梳理和凝练传统节日文化中宝贵的课程资源，尝试将传统节日文化教育以新载体、新形式呈现于幼儿视野中，初步形成具有可操作性的幼儿园传统节日文化课程，在丰富传统文化教育资源的同时提升教师课程的开发与实践能力。在传承与创新中，让幼儿在阅读和活动体验中感受我国传统节日文化的魅力，建立民族自豪感与归属感。

湖北省咸宁市直属机关幼儿园 阮琳 花若薇

依托绘本创编
促进幼儿文学想象的研究方案

一、研究背景

《指南》在语言领域的目标中提出，幼儿在5—6岁的时候要"能根据故事的部分情节的发展，或续编、创编故事"，"能初步感受文学语言的美"。《幼儿园教育指导纲要（试行）》（以下简称《纲要》）指出，要"引导幼儿接触优秀的幼儿文学作品，使之感受语言的丰富和优美，并通过多种活动帮助幼儿加深对作品的体验和理解"。这些目标指向的就是幼儿在文学作品学习中所需学习和获得的文学想象能力。

文学想象是幼儿理解文学作品内容、感受文学作品意境的重要工具，它贯穿幼儿文学作品学习的整个过程，幼儿在倾听和阅读文学作品时，会自然地跟随作者的描写、抒情、叙述形成相应的画面形象。一个有着初步的文学作品理解和欣赏能力的幼儿必须具备良好的文学想象能力，因此，文学想象是幼儿需要学习与发展的语言核心经验之一。

绘本创编作为绘本阅读的一个延伸活动，没有现成的范例供幼儿临摹，却给幼儿创设了一个非常大的创新空间。幼儿通过欣赏绘本画面获得精神满足和情感愉悦，进而促使其进行创造性的讲述，创造性地表达自己对绘本的感悟和理解。

二、研究目标

1. 依托绘本开展创编活动，研究大班幼儿绘本创编中的文学想象特点。

2. 采用多元教师指导方式，梳理具有针对性、适宜性、差异性的教师指导策略，促进幼儿文学想象能力的萌发与提升。

三、研究内容

（一）前期调研实验班级阅读活动开展情况

1. 调研实验班级幼儿阅读频率、阅读兴趣与能力。

2. 调研实验班级教师在幼儿阅读活动中的指导策略。

3. 前测：幼儿绘本创编活动情况。

（二）调查绘本创编活动中开展形式、教师指导策略、幼儿文学想象特点

1. 通过访谈，了解绘本创编活动中教师对活动理念的理解程度、活动过程中存在的问题等。

2. 定期开展幼儿谈话，了解幼儿需求。

3. 定期收集幼儿创编的绘本作品，倾听幼儿分享，分析解读幼儿文学想象特点。

（三）梳理教师在绘本创编活动中有效促进幼儿文学想象的指导策略

1. 实验班教师定期撰写相关案例，整理有效指导策略。

2. 整理幼儿绘本创编作品，梳理大班幼儿文学想象特点。

四、研究方法

1. 文献研究法：通过查询前人相关研究，围绕"幼儿创编指导策

略""促进幼儿文学想象"进行筛选和梳理,分析并整理有效的支持策略,以此作为本研究的起点。

2.访谈法:定期对教师和幼儿进行多形式的访谈,了解教师在研究开展过程中的困惑、观念;了解幼儿在整个研究过程中的需求,并以此判断幼儿参与的积极性,以及绘本创编、文学想象情况。

3.调查法:调查教师在绘本创编活动中的开展形式,解读不同形式下为幼儿带来的不同绘本创编及文学想象,围绕幼儿年龄特点分析这些活动开展形式带来的不同结果的原因。

4.案例研究法:实验班级教师定期撰写观察、实践案例,通过对绘本创编活动形式、幼儿绘本创编情况及文学想象情况的记录,梳理有效、适宜的指导策略。

五、研究步骤

(一)准备阶段

进一步查询相关研究文献,梳理可行的研究方法;设计教师、幼儿访谈问题,对实验班级进行情况摸底。

(二)实施阶段

1.前期观察

在新学期开始两周内,对实验班级开展前期观察,观察内容分别是:该班级阅读活动形式、内容、频率;开展教师、幼儿访谈;通过实践后分析当下幼儿的绘本创编及文学想象情况。

2.师幼访谈

在学期初、学期中、学期末分别开展教师、幼儿访谈,结合实践,了解实验班级教师在活动开展时的幼儿阅读观念、活动实施困惑、幼儿偏好与需求等。

3.案例观察与记录

运用案例方式,对教师开展绘本创编活动的形式进行记录,对幼儿的创编作品进行拍摄留存，将幼儿的文学想象过程进行录音或文字记录。

4.验证与完善

将梳理总结的成果运用于其他班级，将成果经验进行验证并进一步完善。

（三）总结阶段

1.梳理课题资料

将研究过程中各项资料归类整理，如各阶段教师、幼儿的困惑与需求；幼儿不同时期的创编作品和想象内容；以案例集的形式梳理研究开展过程中教师所使用的不同形式的指导策略等。

2.撰写实践研究报告

以"依托绘本创编活动促进幼儿文学想象"为主题，撰写实践研究报告。

六、实践操作

1.梳理大班幼儿绘本创编下的文学想象特点

在阅读过程中，幼儿通过直接观察绘本中的画面并接受信息，依靠形象思维的解读来构建自己对绘本故事的理解，在教师引导下，运用"续编""改编"或"创编"的形式，将自己的理解与想象表现于纸上。本研究通过分析大班幼儿绘本创编中的文学想象特点，为今后有关绘本阅读中幼儿想象的研究提供一些参考。

2.整理大班幼儿绘本创编活动指导策略

绘本创编的内驱力来源于幼儿对绘本故事的理解、感受、共鸣等，外部驱动则需要老师对绘本进行筛选、导读、运用丰富多元策略帮助幼儿理解绘本的故事情节，创设幼儿创编的"留白"部分。本研究依托实践，通过教师撰写案例，整理教师在绘本创编活动中的积极有效的指导策略。

3.丰富幼儿阅读形式，促进幼儿文学想象

"多元、多形式"的绘本类阅读活动能够帮助幼儿"多感官感知"绘本故事，从而理解故事情节、感受故事要表达的情感。不仅如此，理解与感受需要抒发的平台，尤其对大班幼儿来说，更喜欢通过绘画的形式去表达自己的所思所想。"绘本创编活动"是一个有效，且受到幼儿喜爱的活动方式之一，在这个过程中，幼儿"想象的火花"不再是"一言即过"，而是停留在绘画本上，为后续的"想象的延续""情节的丰富"铺好基石。

七、研究成效

随着幼儿阅读理念的不断更新，幼儿所需具备的阅读素养也在不断提升和完善。本研究以《学前儿童语言学习与发展核心经验》为理论引领，他人相关研究为参考，以"大班幼儿绘本创编"活动为载体，以实践研究的方式探寻幼儿活动特征、教师指导策略、幼儿文学想象特点等，进一步丰富园本课程。

"绘本创编"在当下，本研究依托绘本创编活动，研究适宜大班幼儿的活动形式、教师指导策略，并将落脚点放在"大班幼儿文学想象"领域，将"绘本创编"作为一门班级微课程，让活动的开展更系统、更有针对性。另外，在"项目化阅读"推广的契机下，结合大班幼儿年龄特点及所需具备的核心经验，为教师提供相应的理论依据与实践指导策略，也为"项目化阅读"提供更多实施依据与素材。

上海市嘉定区迎园幼儿园 陶玲欢

利用自制绘本
提升幼儿语言表达能力的研究方案

一、研究背景

早期的语言教育对幼儿的身心发展具有重要作用。幼儿园阶段是幼儿语言学习的最佳阶段。《指南》中也指出，儿童不仅要通过语言来理解世界，还需要用语言来进行思考和社会交往。幼儿运用语言与他人进行交流，不仅语言能力得到发展，社会性也得到了发展。幼儿通过语言理解他人，理解当前的情境，思维能力也得到了发展。

绘本是指通过图画和文字共同叙述故事的书，图文二者关系紧密，共同作用把故事完美呈现。本研究中的自制绘本是以幼儿的兴趣爱好、所见所想、自主参与为主，教师或家长等成人起辅助、引导作用，将幼儿构思的丰富多样的故事，运用多种材料和形式连续、完整地表达出来并装订成册。

本研究尝试以自制绘本促进幼儿语言表达能力的发展，通过调查、分析和总结，探索提升幼儿语言表达能力的可行路径，并提出自制绘本有效提升幼儿语言表达能力的方案和策略。

二、研究目标

1.了解和证实自制绘本对于提升幼儿语言表达能力的有效性与可

行性，让教师、家长在培养幼儿语言表达能力的过程中认识并重视自制绘本对幼儿语言表达能力发展和整体发展的意义。

2.分析当前幼儿语言表达存在的问题，以及开展自制绘本活动存在的困难和需要改进之处，从自制绘本的准备与制作阶段、制作完成后的分享与展示等阶段，设计能够提升幼儿语言表达能力的实施方案，真实有效地促进幼儿语言表达能力的提升。

3.总结研究中取得的成效与经验，提出促进幼儿语言表达能力发展的策略与方法。

三、研究内容

1.对提升幼儿语言表达能力的自制绘本文献的研究

（1）界定自制绘本、幼儿语言表达能力的概念与内涵。

（2）收集相关文献资料，了解自制绘本促进幼儿语言表达能力发展的价值。

（3）通过文献研究法，初步了解自制绘本活动开展的现状、困难和组织策略。

（4）寻找与自制绘本、幼儿语言表达能力相关的理论支撑，奠定研究基础。

2.对提升幼儿语言表达能力的自制绘本现状的研究

（1）编制《幼儿自制绘本调查问卷》（家长版和教师版），通过对教师及家长的访谈，了解他们对自制绘本的态度、现阶段活动的开展方式等。

（2）拟定访谈提纲，通过对教师、家长关于幼儿当前语言表达能力的访谈，了解幼儿语言表达能力的现状。

（3）结合相关文献和资料，梳理当下幼儿语言表达能力发展、自制绘本过程中存在的问题和影响因素。

3.对提升幼儿语言表达能力的自制绘本实验的研究

（1）根据研究中调查得来的资料以及对问题的梳理，分析幼儿语言表达能力发展、自制绘本活动开展存在问题的原因。

（2）在自制绘本的准备、制作与分享展示等阶段，分层制定各年龄段幼儿的教育实施方案。

（3）在自制绘本教育实施过程中，不断反思与总结经验，将值得借鉴的做法归纳为案例集。

4.对提升幼儿语言表达能力与自制绘本相关性的研究

（1）大、中、小班每年级各选取两个班作为研究对象，从量化结果上论证自制绘本对于幼儿语言表达能力提升的可行性。

（2）对比研究两个班级幼儿语言表达能力发展现状，结合对教师与家长的访谈、研究者对幼儿的参与式观察提供案例，论证自制绘本对于幼儿语言表达能力提升的有效性。

（3）对自制绘本提升幼儿语言表达能力的影响因素进行分析，明确自制绘本在幼儿语言表达能力提升方面的价值体现和相关性。

5.对提升幼儿语言表达能力的自制绘本策略的研究

针对幼儿语言表达能力的提升，围绕自制绘本这一途径，基于对研究实践的反思与思考，结合相关理论和文献研究，从家长、教师、社区三方面进一步完善提升幼儿语言表达能力的具体方法和路径。

四、研究方法

1.文献分析法：通过收集国内外有关自制绘本和幼儿语言表达能力的文献资料，对收集到的文献资料进行筛选、整理和分析，掌握当前国内外自制绘本和幼儿语言表达能力的研究现状，总结归纳相关研究成果，为本研究的开展奠定理论基础。

2.问卷调查法：编制家长问卷、教师问卷，对开展自制绘本活动的态度、幼儿的发展现状展开调查；了解家长、教师对自制绘本价值的认识；整理、分析调查结果，了解当前幼儿自制绘本的现状，分析开展此活动对幼儿发展的价值和存在的不足。

3.访谈法：对教师进行结构性访谈，了解教师对幼儿语言表达能力的认识以及班级幼儿语言表达能力发展水平和存在的问题；对幼儿家长采用非正式访谈，通过随机、开放的谈话，了解家长在自制绘本中的困惑和收获，收集第一手资料，并积极提供指导与帮助。

4.实验法：在小班、中班、大班组，随机选择两个班级幼儿进行对比研究，测试前教师要对量表使用方法和注意事项达成一致，在测试时能保证客观、科学和真实，所得数据可靠。第一步，通过前测，分别对实验班与对照班的幼儿进行语言表达能力发展同质性检验，证明两组不存在显著差异。第二步，对实验班进行自制绘本实验干预。第三步，通过后测，比较实验班与对照班的差异。

5.案例分析法：研究过程中，对幼儿的自制绘本活动进行案例收集，把自制绘本的活动过程和以自制绘本为载体开展的活动进行记录，结合观察、图片、访谈等整理成案例，将案例进行分析整理，根据幼儿的反映及时调整活动设计及组织策略，并整理成能佐证研究的案例。

五、研究步骤

1.通过收集国内外有关自制绘本和幼儿语言表达能力的文献资料，为本研究的开展奠定理论基础。

2.通过对调查结果的分析，总结当前幼儿语言表达能力发展存在的问题与困境。

3.对照组和实验组两个班级幼儿进行对比测试。

4.制定自制绘本干预措施，提出教育干预措施的可行性。

5.进一步研究当前影响幼儿语言表达的因素，分析自制绘本对幼儿语言表达能力的影响，针对大、中、小班幼儿分层提供利用自制绘本促进幼儿语言表达能力的教育建议与策略途径。

6. 收集研究中的过程性材料，归纳、总结研究成果。

7. 撰写课题研究报告，进行结题验证。

8. 邀请专家鉴定研究成果。

9. 向同行推广研究成果。

六、实践操作

1. 集体共制绘本——享受快乐与成功

集体共同制作绘本给幼儿带来更多的是阅读过程的愉悦感和制作成绘本的成就感。由于是自己创作的故事情节，幼儿能很自信地和同伴分享交流绘本的内容，大胆表达对故事的理解，在阅读过程中感受快乐和成功。

集体共制绘本包括班级全体幼儿的共同制作和以小组为单位的分工合作。在自制绘本的初级阶段，我们注意选用那些情节、内容、形象都比较简单的绘本内容，先让幼儿阅读、理解，再进行单幅画面的联想与创作。等幼儿的绘画能力、动手能力都有了提高后，我们就完全放手，以小组为单位让幼儿合作共制绘本。幼儿在宽松、自主的环境下，一起协商，运用集体智慧来解决问题，共同完成作品，发展了幼儿的合作意识、表达能力。幼儿在制作过程中体会到了合作的快乐，获得了成功的体验。集体共制绘本一般分三步走：

第一，欣赏绘本，体验阅读的快乐。一本本图文并茂的儿童绘本，犹如一座座丰富的心灵花园，潜移默化地滋养着幼儿们的心灵世界。艺术大师们的构图、线条、作画方式、对色彩的运用、画面的总体感觉，甚至某些艺术语言，可以丰富幼儿的艺术感觉。通过绘本的对话和欣赏，幼儿们进入了绘本神奇的世界，就会有创作的愿望。

第二，制作内页，感受自主创造的快乐。绘画对幼儿来说是一种自我表现的方式，在制作绘本内页的过程中，幼儿把自己欣赏后的体验进行重新组合，并赋予新的意义，大胆、自由、广泛地表达自己的想法，开始自主地创作自己的作品。

第三，做成绘本，享受成功的快乐。完成内页创作后，幼儿开始画封面，写故事的题目。整个制作过程幼儿始终保持着浓厚的兴趣，一直处于积极主动的状态，成功的快乐和阅读的愉悦伴随其中。

2.独立自制绘本——体现个性与创造

"自制"是指幼儿根据自己的意愿，独立地、创造性地制作属于自己的个性绘本。幼儿是一个个鲜活的生命体，他们的认识能力、情感水平、心理素质不尽一致，发展不会平均。我们应促使每个幼儿最大限度地发挥他们的聪明才智，尽力捕捉、开发他们身上表现出的个性和创造力。

（1）形式多样的绘本，凸显幼儿的创造力

单一的制作方式会让幼儿感到厌烦，教师要指导幼儿制作风格各异、外观别致精美、造型新颖独特的绘本，激发幼儿持续创作的兴趣。制作绘本的手法可多种多样，如可绘画、剪贴、摄影。不同手法呈现不同风格，这样的绘本既凸显了幼儿非凡的创造力，又增加了趣味，让幼儿爱不释手。

（2）自编绘本故事，彰显幼儿的自主创造意识

我们根据幼儿求知欲望强、喜欢新鲜事物的年龄特点开展了一系列续编故事、自编故事、仿编故事的活动。如在自制《变色鸟》绘本时，让幼儿结合绘本倾听故事→观察周围有颜色的东西→根据句式仿编故事→师生之间互相交流→将仿编的故事画下来→做成绘本→幼儿互相倾听、讲述。这样，让幼儿在看看、玩玩、说说、做做中，模仿运用句式，创造性地绘画，自由表达，彰显了幼儿的自主创造意识。

3.亲子制作绘本——分享亲情与智慧

父母和幼儿一起制作的绘本就像是一粒幸福快乐的种子，在幼儿们的心中生根发芽，让幼儿内心充满爱意。家长和幼儿共同选择主题，选择制作需要用到的材料，一起商量绘本的内容及画面的呈现方

式。整个制作过程不仅流淌着交融的亲情，还互相表达了心中美好的情感，不同程度地提高了亲子关系的密切程度。

七、研究成效

本研究拟了解和证实自制绘本对于提升幼儿语言表达能力存在的具体价值，引起教师和家长对于自制绘本提升幼儿语言表达能力的重视；探寻有效策略，为后续提升幼儿语言表达能力提供方法上的参考和策略上的支持，以此提升幼儿的语言表达能力。

本研究以自制绘本为切入点，通过环境创设、幼儿园课程及活动、家园合作等共同提升幼儿的语言表达能力。一方面，为提升幼儿语言表达能力提供一个新路径、新方向；另一方面，通过实施自制绘本实验方案，发现自制绘本对提升学前幼儿语言表达能力的可能，针对这些问题加以改进，形成研究成果，丰富提高幼儿语言表达能力的手段，同时在实践中提升教师专业能力。

江苏省张家港市万红幼儿园 徐夕蕊

以"阅读笔记"提升幼儿前书写核心经验的研究方案

一、研究背景

书面表达能力是人类重要的生存技能,是发展智力、提高生存能力、适应社会生活的重要途径。幼儿阶段是书写的准备期、前书写的关键期。前书写核心经验的培养是幼儿入小学、接触社会生活的重要准备活动,对其一生的发展都有着深远的影响。

《纲要》指出,要培养幼儿对生活中常见的简单标记和文字符号的兴趣,可以通过图书、绘画和其他多种方式培养幼儿的前书写能力。除此之外,《指南》在语言领域的"阅读与书写"的"目标三"中也特意提出3—4岁、4—5岁、5—6岁幼儿书面表达的愿望与技能,这些愿望与技能主要是希望幼儿在掌握正规书写技能之前,可以先尝试用前书写这种特殊的写画行为来表现自我,并为幼儿进入小学阶段学习正规的汉字书写奠定一定的基础。

本课题的阅读笔记是幼儿在大阅读背景下,以阅读绘本、阅读生活、阅读自然为主要素材来源,用简单的文字、符号、数字、图画等形式记录自己的所见所闻所想的前书写作品。"阅读笔记"是幼儿自我表达的重要工具之一,也是一种能够及时记录生活的重要方法。

二、研究目标

1.开展"阅读笔记"的前书写活动，营造浓郁的前书写氛围，培养幼儿对前书写活动的兴趣和习惯，提升幼儿的前书写核心经验与能力。

2.帮助教师梳理提升幼儿前书写核心经验的支持策略，增强教师对前书写活动的实施能力。

三、研究内容

1.开展大班幼儿前书写核心经验的现状调查

了解课题实施前幼儿已获得的前书写核心经验，以便有针对性地制订课题计划与方案。

2.开展"阅读笔记"的前书写活动

组织实施"阅读笔记"活动，创造幼儿进行前书写的机会，鼓励幼儿阅读绘本、阅读生活、阅读自然，并将所见所闻或感想记录下来，引导、支持幼儿在此过程中获得前书写的核心经验。

3.梳理有效策略

收集并梳理教师在组织活动中提升幼儿前书写核心经验的支持策略，对幼儿在前书写活动中的典型案例进行分析，科学地调整教师的教育行为。

四、研究方法

1.调查研究法：本研究采用了问卷和访谈的方法，对教师的问卷与访谈主要用于了解教师对前书写活动的观念、教师开展前书写活动的现状。对幼儿的问卷主要用于了解幼儿前书写的现状，根据幼儿的前书写记录了解幼儿想表达的思想及进行前书写活动的体验和内部动机。

2.作品分析法：将幼儿的作品定期进行回收记录，用以分析幼儿的前书写特点以及纵向发展的规律。

3.案例研究法：对前书写活动中的幼儿个案进行追踪研究与分析，在不断的观察、反思和调整中，探索"阅读笔记"活动如何促进幼儿前书写核心经验的发展。

4.经验总结法：对开展"阅读笔记"活动过程中出现的问题进行归纳、梳理、提炼，确定具有普遍意义和推广价值的方法与策略等。例如：按阶段性撰写论文、教育案例、总结等。

五、研究步骤

（一）准备阶段

1.成立课题组，制定研究实施方案，对课题组人员进行任务分工。

2.问卷发放与收集，对教师进行访谈，了解目前幼儿的前书写水平及教师开展前书写活动的现状。

（二）实施阶段

1.继续查阅与幼儿前书写核心经验相关的资料文献。

2.创设适宜的前书写环境。

3.以"阅读笔记"为手段开展丰富的前书写活动。

4.梳理教师对前书写活动的指导策略。

5.请专家进行课题指导。

6.整理课题中期过程性材料。

7.书写中期报告。

（三）总结阶段

1.整理课题过程性材料，撰写课题报告。

2.深化课题成果，请专家及领导鉴定和评议。

六、实践操作

（一）梳理四类笔记丰富前书写内容与主题

为满足幼儿的书写兴趣，促其积累一定的前书写核心经验，我们结合幼儿的生活，开展了"阅读笔记"系列活动，阅读笔记具体内容及呈现方式见下表。

笔记名称	笔记内容	呈现方式
阅读笔记绘本篇	幼儿在日常阅读绘本后的记录，如印象深刻的画面与情节、对绘本的提问与思考、对绘本情节的改编或创编	个人速写本式
阅读笔记主题篇	教师根据主题开展的高结构或低结构记录，如集体活动、个别化活动	按主题集体装订式
阅读笔记生活篇	幼儿对个人生活所做的记录，以及幼儿在日常游戏中产生的记录	个人档案袋式
阅读笔记自然篇	幼儿在观察自然的过程中所做的记录或思考，如班级自然角的观察记录，参观植物园或公园时的记录与感想	小组速写本式

1.阅读绘本，书写感悟与创意

阅读笔记绘本篇，主要是幼儿在阅读绘本中或阅读后将需要深入思考的内容或阅读感想以前书写的方式进行记录，能够帮助幼儿对书中内容进行梳理和思考，也可能是幼儿对绘本故事的改编、续编或重构。阅读笔记绘本篇是支持幼儿梳理、表达自身感悟，发挥想象、创意的一种形式。它一方面帮助幼儿记忆和表达，另一方面也是同伴间相互分享、学习的一个重要载体。

2.拓展主题，表达思维与收获

阅读笔记主题篇是一种直观显现幼儿想法的工具，能够有效推进幼儿深度学习。幼儿结合个人经验与想法，将自己围绕主题开展过程中的探索发现、推理思考等信息记录下来。它将幼儿的思维可视化，是幼儿高阶思维的体现。阅读笔记主题篇将幼儿的想法、经验汇总在一起，进一步促进幼儿探究发现、解决问题，成为幼儿深度学习的"拐杖"。

3.品味生活，记录日常的点滴

在幼儿的日常生活中，可能会出现一些对幼儿非常重要或难忘的片段，幼儿可能会产生想要记录的愿望。比如幼儿在阅读笔记生活篇中记录了爸爸手机导航上的路线，并用箭头标出了移动方向，用不同颜色表示了路途中的拥堵情况，最后用数字表示了路途用时。

4.亲近自然，分享生长的秘密

幼儿园的自然角、种植区、小区里的绿化中心、公园里的美丽风光都是幼儿亲近自然，感受生命成长的空间。阅读笔记自然篇，是幼儿记录自己对自然的丰富体验和感受的平台。幼儿们选择自己喜欢的植物，从色彩、形状、香味、触感等方面饶有兴趣地展开观察，并尝试用自己的方式书写记录，在亲近自然、探索自然的过程中收获成长。

（二）注重环境创设，营造前书写氛围

幼儿想在纸上自由书写、表达表现的欲望随时随地都可能出现，为了满足幼儿自由书写的需求，我们在幼儿有需求的各个角落提供便于书写的纸张、笔、写生板、合适的灯光等环境和材料，如图书区的书写表达角落、自然区的记录表达角落、游戏百宝箱中的书写材料与个人记录本等。

生活环境是幼儿积累前书写经验的良好载体，教师在环境创设中，要尽可能多地运用符号、文字、标点等多种方法进行书面表达，

比如班级公约、一日活动流程图、值日生的职责、玩具说明书等。同时要鼓励幼儿积极进行前书写，无论幼儿的作品如何、表达得清晰与否，都应给予幼儿鼓励和肯定，让不同层次、性格的幼儿都能尽情地通过前书写来表达自己的真情实感。

（三）巧用策略支持，促前书写核心经验提升

1. 关注内驱力，培养前书写兴趣

我们日常生活中经常需要使用文字，如活动规则标牌、游戏玩法说明、幼儿作品署名、物品标记等。我们鼓励幼儿与文字进行有效互动，如角色游戏中菜单的制作与使用、结合节庆活动为身边人写一封感谢信。另外可以适当地创新书写材料，如毛笔、宣纸、木棍、沙土、粉笔、黑板、电子画板、布头等。丰富多样的书写材料，一来增强了幼儿前书写的游戏性，激发幼儿对前书写的兴趣；二来丰富了幼儿的前书写体验。

在幼儿一日生活、学习和游戏中，存在着大量学习用前书写的方式表达和交流的机会，教师要有敏锐的视觉，洞悉幼儿的需求，为幼儿提供各种策略的支持，促使幼儿阅读和书写兴趣持续深入，促进幼儿前书写核心经验的形成。

2. 关注姿势，建立前书写行为习惯的经验

良好的前书写行为习惯是幼儿前书写能力发展的重要基础。前书写行为习惯包括坐姿、握笔姿势、收纳整理书写材料等。在幼儿园里，幼儿们的姿势往往很随意，我们在开展前书写活动时先和幼儿进行约定，在墙上通过图示来提醒幼儿保持正确的姿势，鼓励幼儿互相提醒，定期评比，以此提醒幼儿保持良好的前书写行为习惯。

3. 关注细节，丰富前书写活动的主题与内容

"阅读笔记"活动将笔记分为绘本篇、主题篇、生活篇、自然篇，包含了幼儿一日生活中的各个环节。当前书写活动与幼儿生活融为一体，由此便可以引发幼儿为了真实的任务而积极运用书面语言。如阅读区中制作绘本阅读笔记并带回家与父母分享；表演区中为了完整表

演故事与同伴一起制作剧本，计划角色分配、道具准备、台词动作等；建构区中为合作的建构主题绘制建筑施工图；自然角中绘制观察记录单，记录动植物的生长过程，得出观察结论。

4.关注分享，梳理前书写核心经验

幼儿的前书写水平并非一蹴而就，而是需要幼儿在阅读和前书写活动中不断积累书写形式和书面语言符号的经验。我们在分享交流环节，注意引导幼儿关注书写形式和书面语言符号的使用，帮助幼儿将此类经验进行梳理和分享，有助于提高幼儿的前书写能力。

七、研究成效

1.幼儿的发展

（1）丰富了幼儿的前书写经验

从研究开展初期，幼儿仅用绘画的方式来表达，到如今幼儿愿意随时随地用前书写的方式记录生活中的点滴、自己的所思所想。身边的伙伴、眼中的植物、手边的绘本都是他们书写的内容。每位幼儿都积累了厚厚几本前书写作品，积累了许多前书写经验。

（2）提升了幼儿的前书写能力

活动开展至今，幼儿能使用各类表格、数字、符号归纳梳理表达自己的所思所想。从幼儿自由想象随意绘画，到如今能够观察生活中的点点滴滴并用创意书写的方式记录下来。

（3）推动了幼儿的思维发展

大班幼儿即将进入小学，他们的抽象逻辑思维正逐步发展，主要体现在：其一，大班幼儿已经能够对生活中的一些符号有初步的认读能力；其二，在前书写的过程中，用符号去把握复杂内容，可以让幼儿从思维上加深对事物概括的能力，促进幼儿的思维发展。

2.教师的发展

(1) 进一步形成教师以幼儿发展为先的前书写理念

在以往的课程实施过程中，以教师发起的记录活动为主，但在本研究实施的过程中，教师则逐渐开始营造浓厚的前书写环境和氛围、关注幼儿对前书写的兴趣、为幼儿的前书写提供各类支架，并关注幼儿前书写核心经验的积累与提升。幼儿前书写的自然发展有如自发的创造，并遵循着一定的法则，不是靠抄写等训练得来，而是由于幼儿有一种内部冲动要表现自己。教师们相信幼儿是有能力的学习者，教师需要做一个观察者、支持者，并给予幼儿足够的时间和空间，让幼儿自己经历成长的过程。

(2) 进一步增强教师的课程领导力

课题开展过程中，教师关注幼儿，结合近期热点、幼儿兴趣，各班开展了多种不同的前书写活动。实践中，教师不断调整与推进班级特色课程，并优化活动组织，是对教师专业能力的一种挑战与提升。

(3) 进一步拓展教师教育科研探究的实践

在课题引领下，教师在组织与开展活动中多了一份观察与思考，会寻求理论书籍的帮助、细致观察幼儿、主动反思和优化自己的行为。还尝试通过案例、随笔、经验文章，将自己的经验与感悟进行梳理，升华为理论。

上海市嘉定区迎园幼儿园 陶梦婷

以绘本为基础
开发园本活动课程的研究方案

一、研究背景

绘本呈现出来的丰富多样的题材、繁简不一的画风、个性化的语言述说，为幼儿提供了一种认识世界的独特视角。可以说绘本里蕴含了多方面、多层次的教育内涵和教育信息。但是，在绘本教育实践中，不少教师和家长对绘本给予幼儿的价值认识还不足，将绘本仅仅当作给幼儿讲述故事的文本。幼儿园更多采用的是"教师读，幼儿听"的集体教学形式，对幼儿自主性关注不够，使绘本中蕴含的各种教育价值被大大削弱，无法满足幼儿全面发展的需要。

幼儿园课程的核心是幼儿经验的获得，因此，绘本课程也应在幼儿兴趣和需要的基础上，创设丰富的环境，运用各种资源开展生动有趣的活动，让他们在体验、操作过程中获得新的经验，从而促进其全面发展。

《纲要》提出"幼儿园教育应重视幼儿的个别差异，为每一个幼儿提供发挥潜能，并在已有水平上得到进一步发展的机会和条件"。在绘本阅读活动中幼儿自身的性格与能力有差异，兴趣爱好也各不相同，基于绘本的园本活动课程的开发与实践研究，关注绘本价值点和幼儿个体发展需要之间的关系，通过符合幼儿学习特点的各种类型的活动帮助幼儿获得有益的新经验，促进幼儿多元智能的发展。

在实施课程的过程中,我们重视利用园内外的资源,积极建构室内外课程环境,关注幼儿在活动中与环境的交互作用下获得的直觉经验。本课题力图营造一个与幼儿生活本身一致、高度综合的课程形态,形成特色课程文化。

二、研究目标

1.通过多种形式的阅读及相关的体验活动,提高幼儿阅读能力的同时促进幼儿多元智能的发展。

2.探索基于绘本的综合性、趣味性、活动化的课程的开发与实施研究,提高绘本教育活动的质量,建构园本活动课程,促进教师的发展。

3.根据不同类型的绘本教育活动,创设与之相适应的主题活动环境,有效开发、利用多种教育资源,形成园本课程特色。

三、研究内容

1.适合幼儿园活动课程的不同类型绘本的多元价值研究,以及与幼儿个体发展需要之间关系的研究。

2.以绘本中契合幼儿经验和发展需要的价值点为中心,设计并实施符合幼儿学习特点的绘本主题活动,形成园本活动课程系列。

3.研究基于绘本的教育活动中多种资源的有效利用的策略与方法。

四、研究方法

1.问卷调查法:调查教师和家长选择绘本的考虑因素、绘本的类型及运用现状。

2.文献研究法:了解国内外运用绘本进行教育实践的现状,分析目前存在的问题，借鉴好的方法与策略。

3.行动研究法：教师根据不同类型绘本的价值点，设计符合幼儿发展需要和学习特点的绘本主题活动，采取灵活多样的教学方式组织幼儿开展教育实践活动，并进行分析研究，基于绘本开发园本活动课程。

4.观察法：观察幼儿在园本活动课程中的表现，关注幼儿在活动中与环境的交互作用下获得的直觉经验，记录并分析幼儿的阅读过程，以及在活动中的多元表达方式。

5.教育叙事研究法：对绘本活动课程实施过程中的真实事件进行记录与描述，收集整理相关资料，并进行认真反思、总结。

6.案例研究法：通过典型案例的分析研究，总结提炼出不同类型绘本的价值点和幼儿个体发展需要之间的关系研究，以及基于绘本的教育活动中有效利用环境资源和家长资源的策略与方法。

五、研究步骤

（一）准备阶段

1.成立课题小组，查阅与绘本阅读、活动课程相关的文献及国内外研究成果。

2.确定研究方向，写出初步的《课题申报评审书》进行申报。

3.课题组进行《指南》《纲要》等相关政策文件的学习，撰写课题开题报告。

4.请专家组对课题研究方案的可行性进行论证，根据专家意见修改课题研究方案。

（二）实施阶段

1.绘本教育实践现状调查。

（1）设计问卷，重点调查了解教师和家长选择绘本的考虑因素。

（2）通过大量查阅文献，了解国内外运用绘本进行教育实践的现状，分析目前存在的问题以及绘本教育实践中成功的方法与策略。

（3）统计、分析问卷调查的相关数据，分析查阅的文献资料，撰写绘本教育实践的现状调查报告。

2.不同类型绘本的价值点分析研究。

（1）教师利用幼儿园绘本馆、班级图书角和家长提供的丰富绘本资源进行绘本研读。解读绘本图文及价值点，分析不同类型绘本中蕴含哪些独特的教育价值。

（2）根据幼儿的年龄特点与发展需要，挑选适宜的绘本，研究绘本中的教育价值与活动课程的契合点。

3.根据不同类型绘本中契合幼儿经验和发展需要的价值点，设计主题活动并开展教育实践。

（1）通过师生共读或亲子阅读来发现幼儿的兴趣点，结合幼儿的阶段性发展目标设计教育活动。

（2）根据活动课程的需要，创设与绘本主题适宜的活动环境，开发、合理利用多种教育资源，丰富操作材料，开展多种类型的阅读和与之相关的体验活动。

（3）探究实现绘本多元价值的途径与策略，以及活动课程中有效利用多种教育资源的方法、策略。

（4）教师与家长观察幼儿在各类活动中的言行表现，以图文、视频的形式记录其多元表达表现方式，定期组织研讨活动，及时调整活动设计，形成绘本活动课程的典型案例。

4.以绘本为媒介开展丰富的亲子阅读与家园互动活动。

（1）在活动课程设计和实施过程中，将家长资源作为重要的课程资源，定期邀请班级家委会成员进行交流，反馈活动过程中幼儿的表现，提出自己对课程的意见与建议。

（2）开展绘本阅读讲座、亲子自制绘本、绘本馆体验等多种活动，更新家长教育理念，研究基于绘本的教育活动中家长资源运用的策略与方法。

（三）分析整理阶段

1.开展小、中、大班绘本园本活动课程典型案例现场交流展示活动，请幼教同行和家长代表进行现场观摩；邀请幼教专家现场指导，进行中期结题。

2.修改、完善活动案例，形成园本活动课程的活动系列。

3.分门别类整理和统计研究材料，分析提炼出适合开展幼儿园活动课程的不同类型绘本的多元价值。

（四）总结论证、成果推广阶段

1.形成专著《"玩绘本"园本活动课程》。

2.撰写研究报告，邀请相关专家进行论证。

3.向其他园所推广研究成果。

六、实践操作

1.构建科学适宜的基于绘本的园本活动课程体系

从儿童阅读的本质来看，儿童的阅读不仅是一个完全与文字互动的过程，而且是儿童带着已有经验去主动地发现与探索的过程。活动课程则是幼儿通过各种类型的活动获得经验，强调幼儿的"主动学习"。课题组从儿童阅读的本质和学习特点出发，探索一种新的绘本阅读教育课程模式来满足幼儿个性化的发展，充分挖掘绘本的教育价值，将绘本与幼儿的生活紧密结合，将平面化的绘本内容变成立体化的幼儿园活动课程，让幼儿在生动的活动中带着已有经验主动去发现与探索，理解绘本内涵，建构新经验，实现全面发展。构建适合幼儿发展需要的园本活动课程体系，确定课程理念、课程目标、课程内容和实施评价等，可以有效形成园本课程特色。

2.开发基于绘本的园本活动课程的丰富教育资源

活动课程的开展，需要整合、利用各种资源，让幼儿有更加丰富的体验，获得有益经验。课题组根据不同类型的绘本教育活动，创设与之相适应的主题活动环境，有效开发、利用多种教育资源，建立园本活动课程资源库，为教师设计绘本主题活动提供物质保障。教师利用绘本的主题、情境、内容、人物、图画、语言及创意，创设与绘本主题活动相适宜的课程环境，开发设计丰富的游戏材料，让幼儿在操作、体验中感悟绘本的内涵，最大限度地实现图画书的多元教育价值。然后依托社区里丰富的人力资源、物力资源、环境资源和文化资源，将园本活动课程的内容还原在幼儿可知可感的生活中，让幼儿在生活的参与、实践、体验中学习和发展，获得丰富的感性经验，从而激发内在的认同感。

3.设计并实施符合幼儿学习特点的绘本主题活动

在行动研究过程中，课题组以绘本中契合幼儿经验和发展需要的价值点为中心，设计及开展符合幼儿学习特点的各种类型的阅读或体验活动。以"环境创设、集体活动、区域活动、主题游戏、户外活动、生活活动、社会实践和家园联系"八大实施途径，按照"阅读感知—活动体验—理解表达"的实施路径，整合五大领域发展的内容，形成综合性、趣味性、生活化的园本活动课程的系列活动，为一线教师了解、研究幼儿，提供新的思路和可直接运用的课程方案。

七、研究成效

幼儿园课程就是能让幼儿获得全面发展的各种生动有趣的活动，绘本课程也应让幼儿在丰富多样的阅读活动中主动学习，在心灵获得愉悦和满足的过程中获取丰富多样的经验，在提高阅读能力的同时促进幼儿富有个性而全面的发展。基于绘本的园本活动课程，教师必须在幼儿兴趣和需要的基础上，去挖掘绘本的多元教育价值，开发、设计出适宜的绘本主题活动，构建科学的课程体系。

在研究过程中，课题组以《指南》和《纲要》精神为指导，探究绘本价值点和幼儿个体发展需要之间的关系，结合幼儿的阶段性发展目标来设计并实施形式多样、生动有趣的绘本教育活动，丰富阅读环境与课程资源，研究多种资源有效利用的策略与方法，为幼儿阅读兴趣的培养、综合能力的提升奠定良好的基础，并在实践和研究中不断总结、反思，修改、完善课题研究实施方案。

在本课题研究中，我们将课程的理念与目标融入校园文化建设中，进一步增强教师的课程意识及生成活动的能力，使之内化为教师的自觉教学行为，提升教师专业素养的同时，也为同行提供可参考借鉴的绘本课程方案。

湖北省咸宁市直属机关幼儿园 朱红梅

民间童谣融入幼儿园课程的研究方案

一、研究背景

《完善中华优秀传统文化教育指导纲要》明确把中华优秀传统文化教育系统融入课程和教材体系中。随着幼儿园课程改革的不断深入，我国幼教工作者越来越意识到中国传统文化对幼儿发展的重要性。

童谣是一种以口头传唱为主的民间文学形式，蕴含着乡土气息和地域文化色彩，具有通俗性、趣味性、节奏性、韵律性等特点，结构简单，朗朗上口。融德育、智育、地方性、趣味性、文学性、音乐性为一体，内容丰富，包罗万象。而幼儿园民间童谣融入课程，通过童谣的创编与改编，在说、唱、玩、演童谣中，可以提升幼儿园一日生活教育质量。

综合相关研究可以发现，对民间童谣的传承和实施已达成共识。随着幼儿教育理念的不断更新，现有的理论基础还有很大的研究空间：第一，童谣的价值发挥不够大，仅局限在游戏、主题中，没有完全渗透在幼儿园一日生活的各环节中；第二，童谣的形式单一，童谣根据时代需求的改编与创编有很大的研究空间，应该更具体、深入，在传承的基础上体现创新，与时俱进。

二、研究目标

1.通过对民间童谣进行收集筛选、改编出新、自主创编，将说童谣、唱童谣、玩童谣、演童谣融入幼儿一日生活，与课程进行整合。

2.用幼儿能够理解的方式开展适合幼儿的传统文化启蒙教育，重视体验与参与，将童谣生活化、艺术化、游戏化、情境化，让研究更具体、更深入，在传承的基础上体现创新，与时俱进。

3.传承我国优秀的民间文化，从小培养幼儿热爱传统文化的情感，创新民间童谣，赋予其新的生命力。

三、研究内容

1.民间童谣的收集

民间童谣的收集可以通过查阅文献、书籍、周边调查等途径获得，同时还可以邀请家长、社区一起参与到童谣收集的工作中来，因为不同的家长、社区人员有着不同的成长环境，所以他们熟知的童谣也各不相同。

在收集童谣时还要考虑幼儿的年龄特点，不同年龄段的幼儿有不同的身心发展特点，兴趣也有所不同，他们的学习方式也存在差异。小班幼儿理解能力较弱，注意力集中时间相对较短，喜欢重复，可以选择那些短小易记、语言生动、形象的民间童谣。中班幼儿理解能力有所增强，思维和想象能力不断发展，可以选择一些内容丰富、贴近幼儿生活实际的民间童谣。大班幼儿理解能力进一步增强，注意力更集中，我们可以选择谜语、绕口令或较长句式的民间童谣。

2.民间童谣的筛选

教师作为课程活动的主要设计者，必须综合衡量民间童谣对幼儿发展的价值，考虑幼儿的发展需要，有意识地选择有益于幼儿身心健康成长的童谣。因此，教师对童谣进行筛选，通过分类、整合，挑选出最适合幼儿游戏的经典童谣。

3.民间童谣的改编

继承和发展中华优秀传统文化并非一味地模仿，要对民间童谣在幼儿园的应用进行相应的改编，结合时代进一步发扬。因为随着时代的发展，民间童谣需要注入新的时代活力，对被筛选出来的优秀传统民间童谣进行改编，使其符合幼儿年龄特点、主题需求、幼儿兴趣等，有效发挥其教育功能。将民间童谣改编出新，应用于幼儿教育中，有助于培养幼儿的游戏精神，帮助幼儿认识和了解当地历史文化传统，促进幼儿社会化成长，促进幼儿全面健康发展。

4.民间童谣的创编

在掌握童谣规律特点的基础上，可以进行童谣的创编，有助于促进幼儿思维和想象力的发展。随着童谣艺术化、游戏化、情景化、生活化进程的不断推进，幼儿不仅学会了说唱童谣，而且还会自由创编、表演童谣，如配上合适的韵律唱童谣、结合一定的情境表演童谣。

四、研究方法

1.文献研究法：收集、鉴别、筛选、整理文献，通过对文献的研究形成对事实的科学认知。

2.行动研究法：在自然、真实的教育环境中，有计划、有步骤地对教育实践中产生的问题，综合运用多种研究方法与技术，以解决教育实际问题。

3.问题管理法：根据事物之间相互联系和相互制约的原理，把问题作为切入点，以挖掘问题和有效解决问题为核心的管理方法。

4.经验总结法：根据不同经验教师教学实践后的反思，形成有一定思考质量的经验论文，不断提高教师将民间童谣融入课程的实践能力。

五、研究步骤

（一）准备阶段

1.确定课题，通过查阅资料，做好理论准备，确立课题研究目标和研究内容，保证课题实施的正确性和有效性。

2.撰写课题申请报告，对课题进行调研、分析论证，制订课题研究计划，包括具体措施、实施安排、成果形式等。

（二）实施阶段

1.加强组织领导，成立课题实施领导小组，并进行分工，明确各自研究的任务。

2.根据制订的方案和计划开展课题研究。

3.课题论证，对课题实施过程中的一些方法作进一步的调整与补充。

4.定期召开课题研究工作会议，组织课题组成员学习、研讨、总结，明确研究目标，理清研究思路，查找研究中存在的问题，找出解决问题的方法，记录相关内容。

5.定期邀请专家、经验型教师来面对面指导，不断完善不足，解决实践研究中存在的问题。

6.对重点问题进行分类、汇总，总结归纳。重点攻克研究过程中出现的典型问题和困难。

7.开展课例展示，撰写活动案例，梳理有效措施，进行经验分享，收集相关文本资料。

8.进行阶段性小结，比较分析效果，写出阶段性报告和专题性论文。

（三）总结阶段

1.对阶段成果进行整合，整理有关课题研究论文、案例等，准备课题验收，撰写结题报告。

2.汇编课题成果，提请专家进行结题鉴定，并进行成果展示。

六、实践操作

幼儿园的一日活动包括集体教学活动、室内外游戏活动、各种生活活动等。优秀的传统民间童谣，内涵深刻，外延丰富，形式多样，在将民间童谣融入幼儿园课程的实践中，我们要用幼儿乐于接受的方式激发幼儿的学习兴趣，多维度渗透到幼儿园一日活动中，潜移默化地将民间童谣与其他课程资源有机结合起来，实现一日活动皆课程。

1.融于各领域教学

由于民间童谣内容丰富，贴近生活，可以融合到许多领域的教学活动中。例如：民间童谣融入语言活动，让幼儿感受童谣的语言魅力，发展幼儿的语言能力；民间童谣融入数学活动，提高幼儿的数学学习兴趣；民间童谣融入音乐活动，让幼儿感受童谣的节奏性和音乐性，唱童谣比念童谣更有趣味性；民间童谣融入科学活动，让幼儿从童谣中了解生活常识和科学知识。

2.融于各生活活动

在幼儿一日生活中开展民间童谣的渗透教育，可以给予幼儿潜移默化的影响。童谣中一些特定的内容有助于培养幼儿的规则意识、安全健康意识、与同伴交往的意识等，促进幼儿社会性的发展；也可以选用适宜的民间童谣作为过渡环节的提醒音乐，幼儿在具体的时间听到相关音乐，会自觉遵守相应的规则；还可以在日常融入对民间歌谣、民间传说等民间文学的欣赏，让幼儿在潜移默化中了解当地的人文历史、传统故事。

3.融于各游戏活动

民间童谣"寓教于乐、以乐为主"，以游戏化的形式开展，深受幼儿喜爱。在室内游戏中，可以将区角活动与民间童谣相结合，如美工区可以引入编织、泥塑、剪纸等民间活动；益智区可以引进七巧板、翻绳等民间活动。

4.融于各主题活动

在主题活动中，可以根据幼儿的兴趣需要、主题的脉络融入童谣，如在大班《我想知道》主题中，通过童谣的引入，开展集体教学活动，使幼儿了解不同的农作物；还可以在节日活动主题中了解民俗文化，如重阳节引入童谣《九月九》、端午节引入童谣《粽子香》、元宵节引入童谣《闹元宵》等，把不同的节日习俗制作成格子，让幼儿边玩"跳格子"游戏，边了解习俗。

5.融于家庭活动

幼儿的成长离不开家庭，家庭成员的参与能帮助幼儿进一步收获惊喜。我们邀请爸爸妈妈、爷爷奶奶走进幼儿园，开展"亲子童谣节""家园共话童谣"等活动，让幼儿与父母、祖辈共同说童谣、唱童谣、演童谣。家长变身为幼儿的玩伴，和幼儿一起游戏，不仅增进了亲子关系，同时让家长真正参与到幼儿园课程建设和实施当中来。

6.融于环境创设

《纲要》指出：幼儿的发展是在与周围环境的相互作用中实现的。因此将民间童谣文化融入幼儿园日常的环境创设中，不仅能提高幼儿的审美能力，而且能激发幼儿对童谣产生兴趣。在创设幼儿园环境时，幼儿作为环境创设的主体，教师要和他们一起商讨怎么布置环境，怎样将班级环创和童谣结合起来，以帮助幼儿获得更多有关童谣的经验。

七、研究成效

童谣融入课程，展现了幼儿的全面发展，教师要关注幼儿学习与发展的整体性，通过说童谣、唱童谣、玩童谣、演童谣的形式，促进儿童全面发展。

童谣以幼儿生活为主要素材和内容，符合幼儿心理发展特点和理解能力。童谣篇幅短小，语句通俗简单，朗朗上口，节奏感强，易记易念，语调具有押韵、叠词、拟声词的特点，教师通过引导幼儿欣赏和感受民间童谣，使幼儿体验民族语言之美。

音乐是表达人类丰富情感的重要方式之一，儿童通过吟唱童谣的形式，大胆地表达自己内心的想法和实际感受。唱童谣显然比单调地吟唱童谣更能激发幼儿的兴趣，幼儿在吟唱童谣中潜移默化地了解和掌握节奏、韵律等音乐能力，满足了幼儿参与和表现的愿望，给幼儿带来了快乐。

将童谣游戏化，"玩中学"是最好的学习方式。我们结合民间游戏和民间玩具帮助幼儿学习民间童谣，投放民间玩具如木偶、陀螺、毽子、泥人、风筝、风车、跳绳等供幼儿游戏，也在户外活动中组织幼儿开展民间游戏，如将有节奏、有韵律的数数与跳绳活动有机结合起来，幼儿在有节律的吟诵和运动中体验童谣的美感和游戏的快乐，在笑语中感受童谣艺术的独特气息和艺术魅力。

在会说、会唱、会玩童谣的基础上，幼儿还能演一演童谣，根据童谣内容设置一定的场景，编成童谣剧，用表演的形式展示童谣。还可以结合各种节日活动，进行童谣剧表演，让童谣更生动、更有活力。在演童谣的过程中，锻炼幼儿的各种能力，满足幼儿表演愿望的同时让幼儿获得成就感，获得愉快的体验。

民间童谣融入课程既能满足幼儿内心最真实的需求，又能让幼儿在游戏化课程中快乐成长，得到全面发展。同时能丰富幼儿园的课程资源，提升教师的课程意识和组织能力。

浙江省嘉兴市海宁市许村镇塘桥幼儿园 孙艳红

幼儿园创意戏剧课程开发与利用的研究方案

一、研究背景

在教育实践过程中，我们常常会发现幼儿乐此不疲地和同伴聚集在一起"演戏"。他们会扮演妈妈，抱着怀里的宝宝睡觉；他们会扮演食客，拿着空杯子喝水……儿童的这些游戏行为中包含着人类戏剧实践的"要件"，即通过人类的语言和行动讲述故事，通过讲述故事来反映生活经验，在创作、排练、演出过程中协调合作，解决问题，通过戏剧表演娱乐他人和自己，在建构戏剧的过程中实现自我完善。

儿童通过装扮他人和他物，在头脑中幻想他人和他物的动作、言语和情感，用身体像他人和他物一样地行动，感受周围世界的奇特和美妙。创意戏剧教育的理论正是建立在这一基础上，它倡导的基本理念是：凡是儿童可以自己做的一定要让儿童自己去做，凡是儿童能够自己体验的一定要让儿童自己去体验。在创意戏剧课程中，儿童身体与思想的对话、动与静的结合、个体性和集体性的统一，都极大地丰富了幼儿园课程的内涵，满足了儿童全面发展的教育需要。

创意戏剧综合了文学、美术、音乐、舞蹈、建筑等多种艺术门类，它天然的综合性为幼儿园课程综合化开辟了一条崭新的道路，顺应了幼儿园综合课程改革的需要，拓展了幼儿园课程理论。创意戏剧既关注戏剧的艺术审美功能，又重视儿童在戏剧创作中的主体性地位，注重幼儿在过程中的体验和收获，促进幼儿的全面发展。

关于本课题的研究价值，我们通过查阅各种文献资料，发现创意戏剧的研究在幼儿园广泛展开，对于幼儿园创意戏剧的课程研究也逐步成熟。但目前来看，创意戏剧的应用研究还存在不足：第一，创意戏剧与幼儿园传统教学的结合不足；第二，忽视了戏剧的基本构成要素和戏剧的基本特征与要求。

二、研究目标

1.通过对幼儿园教育实践中零散的戏剧活动的现状梳理，结合3—6岁幼儿年龄特点，在幼儿园创意戏剧实践中逐步形成具有本园实际的幼儿园创意戏剧课程。

2.通过对课程理念、目标、内容、组织与管理、评价等要素的研究，让幼儿的艺术能力和综合素养得到提升，促进幼儿身心和谐发展。

三、研究内容

1.对国内外幼儿园创意戏剧及相关课程研究进行文献综述

以"创意戏剧""幼儿园课程"为关键词进行文献检索，理解幼儿园创意戏剧课程的内涵与外延，借鉴他人开展课程研究建设的途径、方法和规律，为本课题找准切入口和新的发展空间。

2.调查本地区和幼儿园创意戏剧资源开发、活动、课程实施等

在调查的基础上，从儿童、社会、知识内在的逻辑关系重新审视幼儿园课程的目标、内容、资源、组织、评价等，使之更科学、合理、有效。

3.对幼儿园创意戏剧课程相关内容进行研究

（1）对幼儿园创意戏剧课程理念的研究

创意戏剧课程是将创意戏剧教育理念转化为教育实践的桥梁，我们将教师和儿童作为建构创意戏剧课程的主体，将预设课程内容与生

成课程内容相结合，以园内外教育资源的开发和整合为切入点，融合社区、家庭，寻求课程实践的最佳组合方式，形成具有本园优势与区域特点的课程资源。

（2）对幼儿园创意戏剧课程目标的研究

教育要面向儿童的经验和生活的回归，追求全面化与个性化，本研究确立目标时，将幼儿个体发展需要与社会发展需要以及各学科发展的现实结合起来。通过对创意戏剧课程的学习，幼儿逐步积累丰富的生活经历和经验，在合作中走进社会，在表达中丰富情感，在问题中提高能力，使儿童真正成为创意戏剧课程的主体。

（3）对幼儿园创意戏剧课程内容的研究

我们在构建创意戏剧课程的过程中，遵循《纲要》中提出的幼儿园教育内容的"全面性""启蒙性"和"相互渗透"原则，以儿童为出发点，注重园外教育资源与园内教育资源的开发与整合，寻求幼儿园、家庭、社区课程资源的最佳组合方式，选择幼儿感兴趣的、与幼儿生活相贴近的内容作为创意戏剧主题，从而拓展课程的内容，推进课程的实施。

（4）对幼儿园创意戏剧课程组织与管理的研究

通过对创意戏剧课程的研究，提供一种既兼顾幼儿发展个别差异性，又考虑幼儿全面发展的课程框架。通过研究活动的方式来引导幼儿进行创意戏剧表演，尽可能为不同需要的幼儿提供合适的学习情景。通过研究幼儿园、社区、家庭教育资源的开发和利用，整合与优化教育资源，从而凸显幼儿园整合教育课程的整体实效。

（5）对幼儿园创意戏剧课程评价的研究

为使创意戏剧课程获得实质性进展，本研究以《纲要》中的幼儿教育目标为依据，运用多元化的教育评价理论和方法，构建多元主体、多元视角、多种方式的课程评价，促进创意戏剧课程的实施。

4.幼儿园创意戏剧课程实施对幼儿发展的影响

在充分尊重幼儿的基础上，注意分析幼儿如何在创意戏剧课程中丰富和发展自己的戏剧经验，形成对幼儿自我概念认知、社会交往等身心发展的影响研究。

5.幼儿园创意戏剧课程对教师专业素养提升的影响

以幼儿园创意戏剧开发与实践为研究和实践点，以案例分析法为主要研究方法，在课程实施中通过对课程参与实践，积累课程开发与实践的知识、经验和方法，提升教师的专业能力。

6.幼儿园创意戏剧课程与园所文化的关照研究

创意戏剧课程的实施对幼儿园文化生态会产生重要影响，园所文化环境的积淀也会对幼儿园创意戏剧课程提供有力的支持。因此，将创意戏剧课程与园所文化紧密结合，可有效提升园所文化品位。

四、研究方法

1.文献分析法：通过查阅资料，收集和整理与创意戏剧相关的理论和文献，确立幼儿园创意戏剧课程研究的现状和价值。

2.案例分析法：通过撰写案例验证幼儿园创意戏剧课程的有效性。

3.行动研究法：行动研究提倡研究者参与到实践中来，通过实践中的反思开发出行动的新观念和新策略。在本课题中，课题组成员一起探讨幼儿园创意戏剧课程结构框架、挖掘课程资源、优化课程内容、完善课程评价，不断地提出新问题、集体教研、教学实践与研究反思，建构有效的、切实可行的园本课程模式。这是一个在实践中不断反思、解决问题以及循环提升的过程。

4.经验总结法：在观察、记录、分析、讨论的基础上，进行分析、总结，并上升为理论性的策略。

五、研究步骤

（一）准备阶段

1.进行选题论证。

2.设计研究实施方案。

3.查阅文献资料、收集相关研究的成果信息。

4.组建课题研究小组，明确分工，制订课题研究计划。

5.建立研讨制度。

（二）实施阶段

1.启动对园内创意戏剧课程资源的开发和利用的研究。

2.了解教师对创意戏剧课程的理解与实施现状，以及幼儿在游戏中对于戏剧游戏的表现与需求。

3.利用环境的隐性教育作用让幼儿接触创意戏剧元素，将主题内容渗透至班级各学习区、年级廊道游戏中，以实现全园的环境互动。

4.在"一日生活皆课程"理念的指导下，探索创意戏剧游戏课程的相关内容，逐步推进对主题活动、游戏活动、亲子活动以及生活活动的研究，并积累过程性资料。

5.组织本园教师进行创意戏剧教育的系统学习，帮助教师加深对"创意戏剧课程"的理解，树立正确的教育观念，厘清不同维度研究下的教育举措，并根据幼儿的游戏实践探索支持性策略。

6.以专家讲座、园级交流、教师教研等方式，加深教师对幼儿在创意戏剧活动中的发展需求。

7.梳理开展课题研究以来的进展情况，从不同维度进行阶段性反思，以使后期的研究目标明确、方向准确、研究更有价值。

8.根据中期课题汇报中发现的问题，结合专家的意见与建议，调整、完善实施方案，注重收集、整理课题研究的过程性资料，为结题工作做准备。

9.根据完善的实施方案，继续探索实施"创意戏剧课程"的相关操作性活动内容，从理论层面分析幼儿在不同活动中的经验发展及活动价值。

（三）结题鉴定阶段

1.对课题研究过程中取得的经验进行理性的梳理和总结，完成课题研究结题报告的撰写。

2.收集、整理幼儿园创意戏剧课程相关内容、资料，进行相关课程设计的汇编。

3.整理课题研究中教师撰写的相关优秀案例、论文和个案研究。

4.请专家对课题研究的成果进行鉴定。

六、实践操作

1.开发可施行的幼儿园创意戏剧课程，形成系统课程资源库。

本研究在构建创意戏剧课程的过程中，遵循《纲要》提出的幼儿园教育内容的"全面性""启蒙性"和"相互渗透"原则，以儿童为出发点，注重园外教育资源与园内教育资源的开发与整合，寻求幼儿园、家庭、社区课程资源的最佳组合方式，选择幼儿感兴趣的、与幼儿生活相贴近的内容作为创意戏剧主题，从而拓展课程的内容，推进课程的实施。

本课题组在充分开发、整合、利用园内外一切可利用资源的同时，探索适合本园实际实施的创意戏剧课程的目标与内容，并对应确立活动资源库，不同板块专人负责，为教师在实施过程中使用资源提供了便利。

2.开展形式多样、内容丰富的创意戏剧活动。

如何对各班幼儿的发展进行跟踪观察与成效分析，教师精心设计、组织与开展活动显得尤为重要。要真正确保创意戏剧课程有效挖掘与实施，就必须加强过程性的跟踪与分析。在实践过程中，课题组一是通过主题式活动，在戏剧游戏或活动中跟踪幼儿深度学习的方式与能力，及时提供支持性策略，推动深度学习的发展；二是采用项目化学习方式，在创意戏剧活动中追踪幼儿的兴趣点，挖掘项目活动的生长点，以多分支活动促进幼儿多方面的体验与发展；三是融合多样化的教学方式，如戏剧活动、戏剧游戏、模仿比赛等，确保活动的趣味性与适宜性。

3.基于园所实情，挖掘创意戏剧课程实施的支持性策略。

在行动研究的过程中，植根于对园所文化的关照研究，充分利用园所文化环境的积淀，拓展园内外资源，提供对幼儿园创意戏剧课程的有效支持。重视对教师专业素养提升的研究，以幼儿园创意戏剧开发与实践为研究和实践点，在课程实施中，教师通过对课程参与实践，积累课程开发与实践的知识、经验和方法，提升教师的专业能力，以此提高对课程实施的支持，并通过关注个体差异策略来支持不同能力发展水平幼儿的提升。

七、研究成效

幼儿园创意戏剧课程具有潜在的教育价值，能对幼儿社会性发展和人格塑造起到重要作用。幼儿的社会认知即他们是怎样理解周围这个多元化的世界的，主要包括对自我的认知、对他人的认识以及对人际关系的认识。在群体性的创意戏剧活动中，幼儿的自我意识得以培养，人际交往能力得以提高。他们在参与创编剧情的过程中，积极参与讨论、自我表达，渐渐地喜欢与他人分享自己的想法，逐渐树立了自信，并且这种感受能够应用于其他领域的学习当中。

本课题重视创意戏剧与幼儿园课程的有机融合，提取戏剧中的情境、表演等元素，使幼儿在某一特定情境中进行创造性表演或游戏，更强调通过幼儿对戏剧情节的构思与创造性表演来引发思考与表达，找到实践幼儿园综合课程的方式方法，以此来促进幼儿园课程改革实践的深入发展。

江苏省扬州大学附属西郡幼儿园 缪惠

主题背景下的
幼儿链式体育游戏审议的研究方案

一、研究背景

体育游戏是指根据一定的运动目标设计的，由身体动作、情节、角色、规则等组成的活动性游戏，它是幼儿体育活动的主要形式，包括仿照性游戏、有主题情节的游戏、比赛性游戏、躲闪性游戏、球类游戏、民间体育游戏等，具有运动性、情境性、开放性、教育性等特点。

受主题背景下教学活动模式的影响，体育游戏不再以单独的教材内容出现，而是被放入一个个相应的主题活动中，体育游戏的系统性、延续性被打破，出现教师不会教，幼儿学不会等现象。链式体育游戏，遵循幼儿身心特点和技能形成的一般规律，以发展幼儿的运动能力为目标，以主题为线索，把一学期（一学年）教材中的一个个知识链环（单个知识点）进行梳理，根据班级幼儿的年龄特点，循序渐进地对教学内容进行开发和整合，对教学过程中相互联系的各个部分作出整体安排的一种构想，以环形链接发展幼儿的基本动作，促进幼儿身体技能的多元发展。

体育游戏是幼儿喜欢的游戏，能促进幼儿身体发育和身体能力的发展，增强幼儿体质，发展幼儿基本动作，使他们的动作在灵敏性、协调性、姿势正确上有较大的提高，因此，体育游戏也成为幼儿园教育教学中的一项重要内容。然而，在进行体育游戏时，教师们经常会出现这样那样的问题。

1.游戏编排不系统

体育游戏的目的是促进幼儿动作技能的协调发展，在体育游戏的编排上须遵循循序渐进、从易到难的原则，层层递进地开展体育游戏。而一些教师在体育游戏内容的编排上，没有以幼儿现有技能的发展作为依据，内容难易程度不一致，且没有连续性，游戏组织得看似热热闹闹，实质没有任何技能的提升，或不遵循幼儿最近发展区。

2.目标不明确

教师往往是拿来主义，不对体育游戏的内容做取舍，将体育游戏简单地等同于户外活动、自由游戏，忽视班级幼儿年龄特点、动作技能水平，抹杀了幼儿参与体育游戏的积极性。更重要的是，在教学实际中，教师表现出对体育游戏教学目标的不明确，常常把情境性、趣味性作为体育游戏的目标，虽然可以使幼儿感受到体育游戏的乐趣，但并没有发展幼儿的动作技能，表现出对体育游戏目标价值理解上的偏差。

陈鹤琴先生说："小孩子是生来好动的，是以游戏为生命的。"在幼儿园，体育游戏是幼儿最喜欢的游戏之一，在幼儿园积极组织幼儿开展体育游戏，不仅促进儿童生长发育，增强体质，还对幼儿素质教育起着积极的关键的作用。运用各种指导方法和教育手段，将幼儿阶段的体育游戏进行系统性、有效性的整合和优化，可以形成更为专业的体育游戏课程。本着学习、贯彻《纲要》《指南》的教育理念，结合对体育游戏实践的总结与反思，针对教师在体育游戏中面临的困惑和问题，聚焦难点开展研究，提出链式体育游戏的新思路，旨在帮助教师系统梳理幼儿阶段体育游戏内容，形成环环相扣的教学活动链，系统地、循序渐进地发展幼儿的基本动作，促进幼儿身体动作和运动能力的发展。

二、研究目标

1.结合对体育游戏实践的总结与反思，针对教师在体育游戏中面临的困惑和问题，聚焦难点开展研究，提出链式体育游戏的新思路，帮助教师系统梳理幼儿阶段体育游戏内容。

2.将幼儿阶段的体育游戏内容梳理成环环相扣的教学活动链，系统地、循序渐进地发展幼儿的基本动作，促进幼儿身体动作和运动能力的发展。

三、研究内容

1.对主题背景下幼儿链式体育游戏审议的文献研究

检索国内外相关体育游戏的文献资料，基于各类研究文献的理论支撑，在主题视角下以链式为媒介将幼儿阶段的体育游戏进行有效的重组和优化，实现更贴合幼儿年龄特点、更有效促进幼儿技能发展的体育游戏。

2.对主题背景下幼儿链式体育游戏审议的资源研究

体育游戏能够增强幼儿体质，提高幼儿基本活动能力和运动技能，促进幼儿身体健康发展。遵循幼儿身体发育和肌体发育规律，结合幼儿的已有经验和兴趣爱好，根据幼儿发展需求对相关内容和材料不断调整和完善，其中包括场地的不断优化、材料的供给、项目的设计、服务人员的配备等都作出了相应的调整和改变，凝聚了教师的集体智慧和努力，也为开展各类体育游戏提供了多元资源的有效支撑。

3.对主题背景下幼儿链式体育游戏审议的价值研究

体育游戏不仅是幼儿日常生活中一个非常重要的环节，也是幼儿运动的基本形式。链式体育游戏是根据课程标准，遵循幼儿身心特点和技能形成的一般规律，以发展幼儿的运动能力为目标，以主题为线索，把一学期（一学年）教材中的一个个知识链环（单个知识点）进行梳理，根据班级幼儿的年龄特点，循序渐进地对教学内容进行开发和整合，对教学过程中相互联系的各个部分作出整体安排的一种构想，以环形链接发展幼儿的基本动作，促进幼儿身体技能的多元发展。

四、研究方法

1.调查研究法：根据课题研究进程，采用问卷、走访、谈话等方法，对幼儿在体育游戏中的行为表现进行理性的分析，从而设计出幼儿感兴趣、符合幼儿需要的体育游戏。

2.行动研究法：根据调查结果讨论制订课题研究的行动计划，将设计的体育游戏方案应用于教学实际，并视实践情况作出相应的调整，主要解决在设计、实施体育游戏中遇到的问题与困难。

3.案例研究法：收集"幼儿链式体育游戏"设计、实施中的典型案例，进行全面、深入、细致的分析、研究，并依此提出有价值的改进措施，完善实践。

4.经验总结法：在实施过程中针对具体情况及时进行归纳、分析、总结，不断改进操作方法，积累教育教学经验，做好阶段性研究成果的资料积累，撰写研究报告。使课题更趋系统化、理论化，促进链式体育游戏开展的有效性。

五、研究步骤

1.课题申报：进行选题论证，设计课题研究方案，完成课题申报立项工作。

2.课题准备：查阅并收集文献资料，为课题研究做前期准备。

3.课题实施：组建课题组，明确职责分工，制订子课题研究计划，研讨并及时调整动态。

4.课题成果：撰写课题研究报告，提出结题申请，进行结题活动并整理幼儿园链式体育游戏活动汇编集。

六、实践操作

（一）链式体育游戏的要求

链式体育游戏要以系统的课程组织与设计为基础，以丰富的内容为载体，符合幼儿的年龄特征，提高幼儿的体能水平，引发幼儿的兴趣需要，激发幼儿的参与欲望。教师在实施链式体育游戏时应遵循以下要求：

1. 适宜性

链式体育游戏既要符合幼儿的当前需要，满足幼儿的年龄特点，又要有利于幼儿的发展需要，由简至难，循序渐进。以大班健康活动"小飞人"为例：该活动的主要目标是助跑、跨跳有高度的障碍物，发展幼儿的腿部力量和协调能力。教师在前期没有系统地分析、指导幼儿跳跃的基本动作，直接让幼儿进行一定高度的助跑、跨跳显然是不适宜的，因为没有前期的铺垫，幼儿在动作掌握上会出现偏差。只有在了解了班级幼儿跳跃基本动作的情况下，先设计不同方向跳跃的游戏，然后设计转身跳游戏，后续拓展跳绳、跳皮筋，需要一个循序渐进的过程，让幼儿逐渐体验动作技能的要求，从而获得发展。

2. 趣味性

在链式体育游戏的内容选择上，要符合各年龄段幼儿的特征，选择具体形象、生动有趣的内容，教师可设置相应的情境，引发幼儿参与游戏的积极性。在游戏的过程中，要以玩代练，让幼儿在自然、好玩的环境中游戏，培养幼儿的运动兴趣，发展幼儿的动作技能，提高幼儿的意志力和自主探索能力，唤起幼儿对成功和胜利的渴望。

3. 挑战性

在链式体育教学过程中，选择的内容既要贴近幼儿的现有水平，又要有一定的挑战性，并有助于拓展幼儿的经验和技能。以中班体育游戏"母鸡带小鸡"为例，教师在制定该游戏目标和游戏环节时，应该将重点放在如何提升幼儿在侧面钻时，两腿在屈与伸交替动作上的灵活性，这样才能在体育游戏中发展幼儿的基本动作技能，有效促进幼儿发展。只有兼顾班级幼儿的年龄特点，且活动设计具有一定的挑战性，才能激发幼儿积极参与的兴趣。没有挑战性的游戏，会使幼儿兴趣缺失，一旦掌握了某种技能，对下面的环节就会丧失积极性。

4.联系性

链式体育游戏要注重游戏类型的有机联系、相互渗透，形成基本路径，使游戏内容有效作用于儿童的最近发展区。例如"走"体育游戏：有模仿动物、人物走，还有改变手臂姿势的各种走。在实际的操作过程中，要求也从易到难：沿线走—叉腰走—前平举走—大步走—小鸭子走—螃蟹走—数字走—字母走—托球走—走独木桥—合作走—端水走，通过从易到难系统性地练习走，让幼儿掌握各种走的方法，一步步递进、发展肢体动作。

（二）链式体育游戏的设计

如何进行链式体育游戏的设计，要求教师对本学期（学年）体育游戏内容有一个整体的认识和把握，必须认真、科学地解读教材，从而系统有效地进行游戏设计。首先要确定本学期体育游戏的重点类型，其次拟定本学期体育游戏的总目标，最后编制链式体育游戏的活动网，将一学期的体育游戏内容有机联系、相互渗透。以小班"甜甜蜜蜜"主题链式体育游戏为例，详细见下表：

小班"甜甜蜜蜜"主题链式体育游戏的设计

游戏类型	游戏名称	重点难点
走	抱抱好朋友	听信号向指定方向走一走，相互之间不碰撞
跳	开心跳跳糖	乐意尝试双脚原地向上跳，并能根据听到的信号做动作
钻爬	寻找糖果	尝试手膝着地动作连贯地向前爬，锻炼手脚动作的协调性

续表

游戏类型	游戏名称	重点难点
平衡	快乐碰碰车	听信号进行持物走、跑等练习，提高身体的协调性和平衡能力

（三）链式体育游戏的开展

1.教师指导策略

（1）走出误区，打造共享游戏

共享体育游戏，即在学期初通过年级组内的小组讨论及集中的园本研修，将本学期的主题内容中的体育游戏进行有效的规整，然后进行分享、交流、整合。听取其他年级组教师的意见及建议，在有限的环境里共享材料、共享教师、共享幼儿。通过不同班级之间的互动使幼儿不断产生新行为，获得新经验，提升幼儿的动作技能，并及时进行反思、总结，展开多向交流，促进幼儿身心健康发展。

（2）利用家长资源，有针对性地进行培训

幼儿的动作发展及技能的掌握是一个比较漫长的、系统的过程，需要教师制订一个长期的、系统的体育教学计划。可以充分利用家长资源，请从事体育或健身职业的家长来园参与计划的拟订，使计划更为科学、合理及具有持续性，从而达到增加幼儿的技能技巧，最终实现增强体质的教学目标。

（3）加强自身学习，提升教师体育素养

链式体育游戏要求教师具备正确的教育观、游戏观和课程观。游戏是幼儿的基本活动，主题背景下幼儿链式体育游戏的开展要以幼儿喜欢的游戏方式进行，加强教师自身有关体育理论知识的学习，采取多种方式保障幼儿体育游戏的游戏性、技能性，更有效地锻炼身体、增强体质。

教师要对自己的角色进行定位，发挥自身的教育指导功能。游戏前的准备环节、游戏中的具体过程、游戏后的放松环节，教师都要做到心中有数。采用多种锻炼方式开展游戏，如分组式、对接式、穿插式等，避免体育游戏中活动方式的单一性。

2.拓展链式体育游戏开展的方式

幼儿是游戏的主人，有主题、有情节、有器材、游戏化、多样化的体育游戏是他们最感兴趣的。链式体育游戏能将教学内容在主题背景下有计划、有目的地让幼儿学习、掌握，以游戏的方式让幼儿在活动中自我发现、自我学习、主动探索、自主锻炼，从而优化幼儿园体育游戏，促进幼儿动作技能的发展。

通过主题情境的设置、动作提示的策略，可以帮助幼儿掌握动作的关键要点；运用小教官的指导策略，可以帮助幼儿巩固动作技能；教师主动参与，可以激发幼儿参与游戏的积极性，也可以提升教师的专业化教学水平。

七、研究成效

体育游戏是以体育动作为基本内容、以游戏为形式、以增强体质为主要目的的特殊体育活动。《纲要》和《指南》在教育内容和教学形式上要求"开展丰富多彩的户外游戏和体育活动，以培养幼儿参加体育活动的兴趣和习惯"。《幼儿园保育教育质量评估指标》也指出：要关注幼儿学习与发展的整体性，注重各领域的有机整合，寓教育于生活和游戏中。因此，在主题背景下进行幼儿链式体育游戏的审议显得尤为重要。

在实践过程中，我们根据幼儿发展的需要，梳理体育游戏的类型、优化游戏内容，为教师提供体育游戏理论和实践依据，更有效地让教师直观地理解体育运动能力发展的纵向性，将理论与实践紧密结合，呈现出更专业、有效的体育游戏课程。

浙江省杭州市百合花幼儿园 陈燕虹

基于多元智能理论的幼儿运动游戏的研究方案

一、研究背景

随着社会生活条件的不断提高，许多家庭对幼儿的生活照顾得愈加精细，幼儿日常的户外活动随之减少，幼儿身体素质的提高引起了广泛的关注。《指南》《纲要》等文件把健康放在首要的位置，幼儿阶段是儿童身体发育和动作发展极为迅速的时期，健康是儿童后继学习和终身发展的重要基础。

人类拥有多元化的智能，如何运用好多元智能理论为幼儿园的日常教育教学服务，提升幼儿素质、推进教师专业能力、提高教育教学实效等，是教师应该重点关注的。本课题的研究，将依据实际情况，理论联系实际，为教师创造性地应用多元智能促进运动游戏的开展提供具体化的引领与支持。

二、研究目标

1.通过课题研究，探索具有园本个性的幼儿运动游戏活动系列内容，不断丰盈园本运动特色课程。

2.以课题研究为抓手，更新教师教育理念，积累幼儿民间运动游戏、区域化运动游戏、整合性运动游戏资源开发策略、指导策略。

3.以课题为载体，促进幼儿身体素质、运动能力、解决问题能力、心理素质、学习品质等的提高以及幼儿多元健康的发展。

三、研究内容

1.多元智能理论和运动游戏的文献研究

课题组在反思前期课题成果的基础上，进一步深入学习多元智能理论，同时以幼儿园健康特色为依托，贯彻幼儿教育"游戏为基本活动"的理念，检索大量的关于多元智能理论及运动游戏等方面的文献，对国内外相关领域的研究现状做了分析与综述，并对运动游戏与幼儿多元智能发展现状进行了调查研究与反思，厘清核心概念。

2.基于多元智能理论的幼儿整合性运动游戏的设计与组织的研究

课题组以"运动游戏与幼儿园领域课程活动的整合"为基础，采用边学习、边实践、边调整的方式，从内容的选择、形式的安排、教学策略的运用等方面，寻找运动游戏开展的突破口。特别是针对"不同年龄段幼儿运动游戏的教学方法研究""在活动中如何与多元智能有效整合""活动中幼儿单个肢体动作的发展和综合性运动经验的获得的设计""如何突出幼儿活动中主体地位"等问题进行深入的研讨。在循环递进式研究中，以趣味性、多元性、整合性为原则提炼出运动游戏活动设计方案。

3.基于多元智能理论的幼儿区域化运动游戏的操作研究

通过"园本科研培训—自主学习—各子课题组集体备课—活动组织—研讨调整"等推进，在大课题组引领、子课题组自主实践的过程中，先后设计并开展相关性区域化运动游戏和亲子区域化运动游戏。

4.基于多元智能理论的幼儿民间运动游戏资源的园本化开发利用研究

通过相同智能研究小组的成员探讨、协商，设计不同的多元智能下位框架表，再借助集体的智慧，梳理、分析各原始表格的优劣与适宜性，调整原有的多元智能渗透表，增加以各多元智能在运动游戏中比较显现的下位要素为依据的观察要点，为后续的研究提供更便于操作的研究工具。

四、研究方法

1.文献研究法：收集关于多元智能理论研究的论著和相关材料，筛选出对幼儿运动游戏实践与研究有价值的相关信息。了解目前幼儿园整合性运动游戏、区域化运动游戏、民间运动游戏的开展现状，收集国内外相关课题研究的各类资料，进行整理、分类和综述。

2.问卷调查法：设计相关的问卷，调查分析本园运动游戏开展现状、多元智能理论园本化实践现状。

3.行动研究法：探索整合性运动游戏、区域化运动游戏、民间运动游戏的内容和组织实施策略，以及运动资源的开发利用。

4.观察记录法：观察记录幼儿在实施整合性运动游戏、区域化运动游戏、民间运动游戏前后的活动兴趣和主体性表现。

5.案例研究法：通过案例分析、反思归纳、经验累积等方式，为课题研究提供真实鲜活的第一手资料。

6.活动重构法：通过对整合性运动游戏、区域化运动游戏、民间运动游戏等各类活动进行重构，不断调整、优化设计、组织与实施的方法，形成更适宜的指导策略。

7.经验总结法：将参与该课题研究成员的成功经验与点滴体会，以及失败教训与反思分析进行及时总结提炼，以有效提升该课题研究实践操作的理论表述高度。

五、研究步骤

（一）准备阶段

1.组建课题研究中心组，进行人员分工。

2.开展文献研究，了解国内外相关领域研究情况，形成已有研究述评。

3.听取专家意见，确定研究方向，撰写《课题研究申报评审书》，完成课题申报工作。

4.课题组进一步开展文献研究、理论学习，形成课题文献汇编、梳理文献综述，制定实施方案，撰写开题报告。

5.邀请专家指导，举行开题论证会，根据专家论证意见完善实施方案。

（二）实施阶段

1.开展运动游戏现状调查研究，形成调查报告。

2.建立子课题研究小组，有序推进子课题的研究进程。

3.开展科研日活动，为课题组成员搭建区级展示交流的平台。

4.各子课题组定期开展理论学习、教学研讨、现场观摩、案例交流等活动，提供互学互研机会，营造浓郁的研究氛围。

5.各子课题组开展阶段性成果汇报，梳理回顾当前的阶段研究情况，分析研判、调整跟进，不断优化研究过程，逐步积累研究成果。

6.邀请专家指导，开展课题中期汇报，根据专家组中期评估意见，调整和优化后续研究进程。

（三）总结阶段

1.整理、分析、梳理课题研究的各类实践研究资料。

2.做好课题结题鉴定的准备工作，汇编各类研究资料，提炼物化成果。

3.汇编论文集、案例集。

4.邀请专家进行课题结题鉴定。

5.推广课题研究成果。

六、实践操作

1.运动游戏与幼儿园各领域课程的整合与渗透

《纲要》指出幼儿教育要"各领域的内容有机联系、相互渗透",注重综合的、统整的整合教育是实施《纲要》的重要原则。实施《指南》时要求要"关注幼儿学习与发展的整体性"。运动游戏虽然是以身体锻炼为主,但从幼儿多元智能的角度出发,依据《纲要》和《指南》的精神,我们在研究探索中发现运动游戏的设计与组织与其他各领域课程整合与渗透是可行的。

与语言领域整合渗透时,在运动游戏中运用生动、有趣的语言创设情境,清晰简练地介绍游戏玩法,引导幼儿用自己的话语表述对游戏的理解、参与游戏的感受等。

与科学领域整合渗透时,充分利用户外丰富的自然科学资源,让花草树木、昆虫、石头等资源成为游戏中的材料、观察对象等,有时也将幼儿日常学习和接触的简单的数学认知内容加入游戏,增加解决任务的设置,以丰富游戏的情境。

与艺术领域整合渗透时,把各种适合的音乐贯穿于运动游戏的各个环节,配合幼儿的运动准备、控制幼儿的运动量、建立动作与音乐节拍的美妙关联,使音乐为运动服务。

与社会领域整合渗透时,充分理解与把握《指南》精神,把握幼儿社会领域学习的基本特点"渗透性、伴随性",在运动游戏中培养幼儿坚强、勇敢、自信、快乐、积极向上的良好品质,促进幼儿交往合作、建立集体荣誉感、不畏困难、坚持到底的决心等,既是社会领域的培养目标,也成为运动游戏的重要目标。

通过与多个领域内容整合与渗透,使运动游戏更加寓教于乐,更受幼儿欢迎。

2.将幼儿基本动作的发展与幼儿身体素质的提高有机结合

幼儿运动游戏是幼儿体育活动的重要形式,在游戏中会注意对幼儿基本动作的正确指导，不会只顾幼儿的兴趣而忽略动作发展上的指导，而是把两者有机地结合起来，并将提高幼儿身体素质作为目标。因此，在设计运动游戏时会关注当前幼儿动作发展的情况，有规划地将走、跑、跳跃、投掷、攀登、钻、爬、搬运等基本动作融入游戏中，以发展幼儿动作、提高幼儿身体素质、促进幼儿全面和谐发展。

3.突破传统意义上的运动游戏的设计方式

我们通过与传统意义上的体育运动活动设计进行比较，探索并凸显了基于多元智能理论的整合式运动游戏设计特点：

设计理念上——从教师怎么教，转向幼儿怎么玩。

价值取向上——从追求幼儿动作技能的练习与掌握，转向幼儿运动能力、身体素质及多元智能的发展。

设计思路上——从关注传统的基本流程，转向多元智能渗透表的设立，为幼儿的多元发展做好预设。

组织策略上——从传统的教师主体模式，转向幼儿主体模式；从教师直接教"游戏"，转向幼儿自由探索玩"游戏"。

4.建立区域化运动游戏的规划要点

区域化运动游戏作为集体性运动游戏的有效补充与拓展，我们进行了专题探索与研究。依据小、中、大班三个年龄段幼儿的特点与幼儿能力的发展，规划了三个不同的区域化运动游戏。

小班：根据幼儿园的已有环境，投放不同类型的活动器械，设立球类区、跳跃区、钻爬区、综合区等。其要点是最大限度地满足幼儿摆弄、操作游戏器械的需求，充分体现出幼儿游戏的三个自由，即选择自由、玩法自由、结伴自由。

中班：根据不同的故事主题，创设不同层次的活动场景，整合各种资源让幼儿在情境中游戏。它是对一般的开放性区域运动游戏的一种拓展与深化，其要点是多元智能的结合、突出情趣性。

大班：创设多条行进路线，用不同的图示为幼儿"指路"，让幼儿带着"任务"自主地、创造性活动的一种游戏模式。它是区域化运动游戏的进一步发展与挑战。其要点是多元智能在运动游戏中的进一步体现，同时结合地域文化、民族文化和民俗文化，凸显综合性。

5.形成区域化运动游戏的操作样式与指导方式

时间安排——每两周一次区域化体育游戏，每次游戏时间40分钟，充分保证游戏时间。

场地安排——依据幼儿园已有场地（包括沙池、草地、跑道等）和体育器材（大型体育玩具、攀爬网等），因地制宜设计并合理安排各个区域。

形式安排——打破班级界限，以班级互动的方式共同参加游戏，让幼儿在开放的区域中，自主结伴、自主交往、自主发展。

指导方式——提供各个区域的情景化标志，以帮助幼儿了解活动区的情景设置，让幼儿自然地进入游戏情境；建立游戏行径路线标志，以帮助幼儿了解游戏规则及材料的使用，让幼儿有的放矢地玩游戏；各区域教师定点指导，观察进区游戏的每个幼儿游戏状况及行为表现，及时提醒幼儿注意游戏安全，并在幼儿需要时给予适当指导，包括动作的提示、情感的鼓励、游戏的玩法等。

6.整合、拓展、改编传统民间运动游戏，让旧游戏焕发新风采

《指南》指出重视幼儿身体组织的发展就是要提高幼儿肌体的技能水平，促使幼儿的体质得到增强，也表明应根据当地的实际情况和幼儿个体差异灵活掌握。因此，开展丰富多样、适合幼儿的体育活动是增强幼儿体质、为幼儿健康成长保驾护航的积极手段和重要途径。我们有效整合、拓展、改编传统民间运动游戏，让旧游戏焕发新风采，以幼儿年龄特点和发展需要为着眼点，与时俱进地突破传统、创新设计，使游戏更符合时代的发展、更符合幼儿的能力和兴趣。比如传统的"捉迷藏"游戏，是通过协商、抓阄等方法选出寻找者，蒙上布条数数，数完后找躲藏者。而我们的游戏是根据小班幼儿特点，选择了喜闻乐见的小兔和狼的角色，以小兔发现危险就马上躲起来的游戏情景来开展，并配以代表小兔、大灰狼的相关音乐。角色的扮演让

小班幼儿能更明确自己在游戏中怎么玩，音乐的配合渲染了游戏的气氛，也对小班幼儿是一个规则的简单暗示。

我们还将民间运动游戏的开展融入幼儿一日活动中，除了体育教学活动，还利用点滴时间，将游戏活动融入晨间体育锻炼、户外游戏、教学与游戏之间的自由活动、午睡前的散步中，无论是操场还是走廊，抑或是多功能厅，甚至是幼儿园后花园等都能看到幼儿快乐玩耍时飞扬的身影，听到幼儿此起彼伏的清脆的笑声、交流声。

七、研究成效

经过课题研究的实践，教师的教育观念、教育行为不断得到审视，专业水平不断得到挑战，教师们的儿童观、游戏观、教育观也发生了进一步的变化。尝试着蹲下身子，放低自己的姿态，观察幼儿的游戏，向幼儿学习，从而拓宽自己的思路，创新运动游戏玩具的设计与制作。

通过课题研究活动的交流、研讨、分享，教师形成了一个良好的学习共同体。基于多元智能理论的运动游戏的开展，也引发了师幼、幼儿、教师间的关系的改变与互动，让教师学会如何观察幼儿游戏，如何逐步调整游戏指导策略。理论学习支撑了课题研究的持续发展，开阔了研究的思路，提升了教师的科研意识，同时也促进了教师研究水平的提升。

通过课题研究，我们积累并丰富了各年龄段幼儿运动游戏的活动内容与情景、游戏玩具与资源，提高了教师运动游戏设计与组织的能力。课题研究中所开发的运动游戏内容及资源都在每周、每月的日常课程中有所体现，成为常态化活动，丰富了园本的特色课程。

江苏省无锡市通江实验幼儿园 李烨

情境式幼儿体育游戏活动研究方案

一、研究背景

体育活动是以身体活动为媒介。幼儿体育是遵循幼儿身体生长发育规律，以身体练习为主要手段，以增强体质，提高健康水平，促进幼儿身心全面、和谐发展为目的所进行的一系列的教育活动。情境游戏是指通过增加外部环境条件的变化和内部心理条件的变化，以提升幼儿兴趣的一种活动方式。情境体育游戏是指在有情景的环境下开展的运动性游戏。在组织情境体育游戏时，要注重创设生动有趣的游戏情景，以此来激发幼儿对体育运动的兴趣。幼儿情境体育游戏集体能、智力、娱乐身心于一体，既是游戏组织的一种，又和体育运动保持着密切的关系，已然成为了幼儿体育运动的重要组成部分。

幼儿自主、快乐地进行体育锻炼，能够更好地提高幼儿身体素质和基本运动技能。情境式体育游戏强调以幼儿为中心，注重幼儿的主动参与，相互合作。为此，我们希望通过课题研究，将情境式体育游戏融入幼儿园的教学活动、户外自主活动、体育锻炼中，激发幼儿参与活动的兴趣，变被动参与为主动参与，在轻松愉快的氛围中增强幼儿的体质，提高幼儿的基本活动能力和运动技能。

在研究过程中，我们充分吸收和借鉴了先进的教育理念，在实施过程中，通过对幼儿体能现状的分析、对优秀活动设计的收集、对精彩案例的筛选等，形成了"幼儿在前，教师在后"的幼儿观、教育观。

二、研究目标

1.通过研究，整理出一套较为成熟的情境式体育游戏教学活动，通过教师的引导、示范以及讲解等促进幼儿学习并掌握相关基本运动技能。

2.在课题研究中，为今后情境体育游戏的开展积累丰富的经验，提高教师观察游戏、分析游戏、推进游戏的能力，在解读幼儿的过程中促进教师专业成长，实现保教质量整体持续提升。

3.通过课题研究，推进教研工作的落地实施，认真思考幼儿园户外体育活动内容建构的完整性，初步构建户外体育活动的新模式。

4.通过课题研究，充分挖掘体育活动对幼儿身体的教育价值，丰富幼儿的知识和运动经验，培养幼儿良好的心理品质与个性。

三、研究内容

1.对情境体育游戏中幼儿学习发展的现状调查

通过对本园体育活动现状的调查，一方面掌握幼儿身心发展的特点和规律，另一方面了解幼儿在情境体育游戏活动中学习发展的现状，对影响幼儿在情境体育游戏活动中学习发展的因素进行分析和梳理，为后续的研究做好前期铺垫。

2.对情境游戏在体育活动中的开发与实践的研究

基于幼儿走、跑、跳、攀、爬、平衡、投掷等基本动作领域要点，并根据小、中、大班不同年龄阶段幼儿的运动及学习特点，结合幼儿的兴趣整理出一套既符合幼儿年龄特点，又兼具趣味性、挑战性、安全性的情境体育游戏活动案例集，以促进幼儿的学习发展。

3.对情境体育游戏中教师支持策略的研究

按照《纲要》《指南》的有关精神和要求，为教师的观察和解读提供抓手。从前期准备、过程性支持和管理要点，探索和积累开展情境户外体育游戏的可行性操作经验，并在此基础上作理论提炼，逐渐形成有效的支持性策略，进一步优化幼儿园户外体育游戏的组织与实施，增强教师在体育游戏活动中关注儿童、解读儿童、支持儿童的意识，以更好地促进幼儿体能、体质的增强。

四、研究方法

1.文献研究法：收集、整理相关文献，并通过对文献的研究了解目前国内外在情境游戏领域的主要研究成果和研究动态，梳理出本课题所需的相关信息。

2.行动研究法：此方法将贯穿于课题研究的全过程，通过对研究内容和步骤的分析论证，结合实践，寻找阶段研究中的得失，围绕问题对课题方案进行新一轮的调整和完善，保证课题研究进度与研究内容的科学性与可操作性。在研究实施中，不断再评价、再发现、再调整，有效保证课题的研究质量以及对实践工作的有效改进。

3.观察研究法：观察与记录是教师了解幼儿、分析幼儿的常用手段之一。本课题中教师要及时发现情境游戏中有价值的典型行为和事件，缜密观察、及时记录、精准分析，为教育手段、方法、效果的改进提供依据。

4.比较法：通过对幼儿前测、后测数据的比较，总结、分析课题研究的收获与今后需要努力的方向。

5.个案研究法：及时观察、记录幼儿在情境游戏过程中的行为，从中分析游戏环境、材料投放、指导策略对幼儿的影响和作用。

6.经验总结法：通过整理与收集资料，对课题研究过程中获得的感性的认识和经验进行总结、提炼，写出经验总结性论文或者研究报告。

五、研究步骤

1.对幼儿的体能现状进行调查，撰写出调查报告。

2.制订研究计划,撰写开题报告,明确研究思路和课题组人员的分工。

3.定期组织教师培训,深入学习理论知识,及时了解最新的幼儿教育理念,开阔视野,以保证课题研究工作的顺利进行。

4.进行中期阶段性汇报,经过专家与课题组成员的讨论,及时纠正课题研究中出现的偏差,并完成中期报告的撰写。

5.重点进行情境式体育游戏教学活动设计的研究。

6.对课题研究中的论文、案例、精彩视频进行收集和整理,形成成果材料。

7.撰写结题报告,邀请专家鉴定。

六、实践操作

1.以幼儿年龄特征为依据,多维度创设游戏情境

游戏活动符合幼儿的年龄特征,最为幼儿喜爱,最能调动其积极性。根据幼儿具体、形象、直观的思维方式,应选择不同的游戏内容,创设有趣的游戏情境,让幼儿能够以不同的角色参与游戏。在本课题的研究过程中,我们做了很多准备,利用情境游戏的形式帮助幼儿更好地参与到体育活动中,以促进幼儿的发展。

(1)以故事为来源创设户外体育游戏情境

幼儿对故事有浓厚的兴趣,喜欢模仿其中的人物。我们在户外体育活动中,以幼儿熟悉和喜爱的绘本故事为源泉,把情节赋予户外体育游戏中,让故事的情节在户外体育游戏中再现,激发幼儿参与活动的积极性。

(2)以民俗游戏为来源创设户外体育游戏情境

民俗游戏贴近生活,以其独有的特性丰富着幼儿园课程。我们利用民俗游戏创设含有比赛合作、游戏任务类的体育游戏,让幼儿在紧张的运动中掌握运动技能。例如,在设计"跳房子"游戏时,可提前

布置几个"田"字形的"小房子"。出于安全考虑，可将软沙包作为游戏道具，用来保护幼儿安全，让幼儿将沙包逐次踢到不同小格子中。幼儿参与游戏时，脚不能落地、不可踩线。采用小组游戏比赛形式，一人失败或犯规，随即进行更换，率先通过"小房子"的小组获胜，以培养幼儿的合作能力。又如"推铁环"游戏，我们将呼啦圈作为道具，引导幼儿探索玩法，率先将呼啦圈推到指定地点的幼儿获胜，以锻炼幼儿的身体协调能力与平衡力。

（3）以幼儿生活认知经验为来源创设户外体育游戏情境

在引入情境游戏开展体育教学活动时，首先要保证幼儿对其有兴趣。在探索情境游戏与体育活动的融合路径时，我们以幼儿认知和成长规律为参考，以形象化、直观化游戏形式为媒介，有效规划幼儿参与的频率和内容，使活动得以顺利开展。例如，在进行"勇敢的小猴子"情境体育游戏时，我们利用幼儿喜欢的故事来设置背景，使幼儿明确此次的任务目标和活动内容。之后，教师将准备好的关卡一一介绍给幼儿，包括用瓶罐摆成的S形路障、独木桥、小河（绳子）、水坑（画个圆圈）、平坦的山路（带有坡度的木板）等。然后组织幼儿熟悉游戏场地和规则，确保其能按照教师的指令完成相应的闯关任务。在情境创设过程中，我们还引导幼儿参与到环境创设当中，如帮忙抬椅子、一起搭木板、一起摆放绳子等，让幼儿快速融入游戏活动中，增强其活动的意愿。幼儿在闯关营救同伴的过程中，激发对体育活动的兴趣，通过跑、跳、走等交替活动来提升幼儿身体的耐力，使其在不知不觉中得到锻炼。利用情境游戏组织体育教学活动，不仅容易点燃幼儿参与体育活动的热情，还能使幼儿在活动中学习基本动作技能，丰富幼儿的运动经验。

2.以解读幼儿为基础，创设评价体系

在研究过程中，我们不断总结和提炼经验：以兴趣、参与度、目标达成度、合作行为、创新度等为标准评价幼儿的游戏是否"玩得开心"；以动作发展、自我调节、社会发展、学习品质等为标准，来评价幼儿的游戏是否"玩有所得"。通过这样的评价体系来保证情境体育游戏的价值。

3.以情境式体育游戏教学活动为抓手,构建户外体育活动新模式

在情境式体育游戏教学活动中,幼儿在教师提供的适宜的场地、教具以及环境资源中探索、感知各种动作技能,并在一日活动中的体育锻炼环节将这些学到的动作技能加以练习和巩固,将习得的运动经验运用于户外自主游戏中。有趣的体育活动能够让幼儿积极主动地参与,能够让幼儿在"新"玩法中寻找到"新话题",体验游戏成功的喜悦。教师要善于抓住其中的教育契机,及时支持和回应幼儿,建构户外体育活动的新模式。

另外,我们注重利用废旧材料、自然材料,精心制作了各种各样的玩教具,开展了一系列丰富多彩的户外体育游戏活动,对幼儿走、跑、跳、投掷、平衡、攀爬等基本动作加强了练习。

七、研究成效

研究中,我们通过不断反思、不断完善,一方面努力通过各种渠道、方式加强相关理论知识的学习,增强对全体教师的实践指导;另一方面不断思索、研讨,正确把握研究方向,改进研究中存在的问题。针对问题,我们加大教师的培训力度,不断与新的理念相融合,使教师在观察和推进幼儿游戏时,不断转变角色意识,改进指导策略,进一步树立"教师在前,幼儿在后"的儿童观和教育观。

本课题的研究,促使幼儿对参与体育游戏活动的兴趣大大增加,体质明显增强;教师在此过程中对幼儿户外体育游戏活动开展也有了全新的、系统的认识和理解。对于研究成果,我们也将积极推广,在更大范围内为同类研究提供参考依据。

山东省邹平市青阳镇中心幼儿园 董婷

具身认知视域下
幼儿快乐体操活动的研究方案

一、研究背景

　　快乐体操有利于提高幼儿柔韧素质、平衡素质、力量、速度、灵敏度，帮助幼儿养成良好的站、坐、行走习惯和形成健康体态。幼儿在快乐体操活动中，通过克服有难度的动作技巧拥有成就感的同时能够形成坚强、勇敢、不怕困难的意志品质，有效促进幼儿积极情绪情感的养成，使幼儿能够用更加正确积极的态度去面对学习、生活。具身认知的核心思想是指身体在认知过程中发挥关键作用，认知是身体、大脑与环境之间相互作用的过程。而快乐体操正是通过实践活动，使身体与环境产生互动的过程。

　　幼儿身心的发展主要可以从生理发展和心理发展两个层面来看。首先，幼儿通过身体动作不断与环境发生互动，能够做出一些主要的粗大运动技能，同时能较为熟练地完成一些精细的动作。其次，幼儿主要通过感知直接获得事物的显著特征，在头脑中将事物和动作内化为表象。在这种内化过程中，儿童身体的感知和动作都起着至关重要的作用。正是有了身体与外界环境的交互运动，儿童才能把感知动作内化为表象，形成以身体经验为中心的直觉思维。

　　快乐体操相对于传统体操，具有趣味性、多样性、功能性、安全性、全面性和广泛性的特点，快乐体操需要幼儿身体、大脑与环境相互配合，这使得幼儿能够快乐锻炼，在快乐体操中收获快乐，从而全面提高身体素质。

快乐体操遵循幼儿身心发展的特点，而具身认知理论也强调身体和感知觉对认知的影响，强调身体与环境的交互作用，与幼儿身心发展的特点极为贴合，因此极为适宜指导快乐体操实践活动。

二、研究目标

1.本课题研究以"具身认知"思想为指导，按照《纲要》《指南》健康领域精神和要求，通过对幼儿快乐体操活动价值的挖掘、园内外快乐体操活动资源内容开发及活动策略的研究，探索开展体现"具身认知"思想的幼儿快乐体操活动的价值、方式、方法、手段和途径等操作性经验和支持性策略。

2.切实培养幼儿参与快乐体操活动的兴趣和习惯，有效增强幼儿的体能和体质。

三、研究内容

1.对具身认知视域下幼儿快乐体操活动价值的文献研究

在具身认知理论的指引下，检索国内外快乐体操运动的文献资料，进行深入学习，能够融会贯通，挖掘和丰盈幼儿快乐体操活动的价值，为实践活动提供理论支撑。

2.对具身认知视域下幼儿快乐体操活动资源开发的研究

以具身认知理论为指导，遵循幼儿身体发育和肌体发育规律，结合幼儿已有的经验和兴趣爱好，在安全评估的基础上充分开发园内外各种可利用的资源，为开展各类快乐体操活动提供场地、器材、设施、专业指导等支撑。

3.对基于运动领域幼儿快乐体操活动内容开发的研究

基于幼儿走、跑、跳、攀、爬、平衡、投掷等基本动作领域要点，在具身认知理论指导下，按照《纲要》《指南》的有关精神和要求，积极开发、研究幼儿快乐体操项目和内容，鼓励幼儿在注意安全的前提下自主探索、大胆创造，探究快乐体操各种变化组合及创新活动。

4.对具身认知视域下幼儿快乐体操活动策略的研究

贯彻具身认知理论思想，从前期准备、过程性支持和管理要点，探索和积累开展幼儿快乐体操活动的可行性操作经验。在此基础上作理论提炼，逐渐形成有效的支持性策略，作理性的诠释和实例的验证，以更好地促进幼儿体能、体质的增强。

四、研究方法

1.文献资料法：通过查阅国内外相关资料，学习具身认知理论、幼儿快乐体操活动等教育理论及同类课题的研究成果，学习《纲要》《指南》健康领域的有关要求，加深课题研究者对于幼儿快乐体操活动的领会和理解，从而获得指导课题研究的有益启示。

2.调查研究法：以多种途径和方式，调查、了解园内外可用于开展体现"具身认知"理念的幼儿园快乐体操活动的各种资源，包括场地、器材、设施、辅导人员等。

3.行动研究法：根据"具身认知"的教育理念和幼儿的年龄特点，结合开展幼儿快乐体操活动的实践探索，边研究边反思边修正实施方案，保证课题研究的正确方向，并逐步获得符合幼儿体育游戏活动的规律性认识和实践经验。

4.经验总结法：收集、整理课题研究过程中形成的资料，分析、总结研究中积累的贯彻"具身认知"教育理念、开展幼儿快乐体操活动的经验，验证实践中提升的理性认识，使之成为具有一定理性高度和应用价值的操作性经验，以指导开展幼儿快乐体操活动的实践。

五、研究步骤

（一）准备阶段

1. 进行选题论证，设计研究实施方案，完成课题申报立项工作。
2. 查阅文献资料、收集相关研究的成果信息，为课题研究做前期准备。
3. 组建课题组，明确分工职责，制订子课题研究计划。
4. 健全学习交流制度，学习有关文献资料，进行前期学习和培训。

（二）实施阶段

第一阶段

1. 启动园内外健康教育资源开发和利用的研究，调查、挖掘园内外能体现"具身认知"教育理念的可利用的幼儿快乐体操活动资源；制作、添置、投放有助于开展幼儿快乐体操活动的器材，有目的地进行环境创设和有计划地开展探索提高幼儿参与快乐体操的方式与方法，并积累相关的研究资料。

2. 在"具身认知"的理念下，充分挖掘幼儿体操元素，根据幼儿年龄特点和研究需要，紧扣主题，选择班级研究小专题，进行自主探究，设计、开展幼儿快乐体操活动。

3. 逐步探索具身认知视域理念下幼儿园快乐体操活动实践的有效策略，积累过程性资料。对本园教师进行幼儿快乐体操活动方面的专业引领，定期组织教师进行《纲要》《指南》健康领域精神和要求的系统学习，帮助教师加深对"具身认知"教育理念的领会和理解，确立正确的教育理念，并结合幼儿体操实践探索支持性的策略。

4. 深度发掘"具身认知"教育理念下幼儿快乐体操的实践开展价值，以教师教研、开展园本幼儿体操特色活动以及邀请相关专家进行教育讲座和实操演练等方式，加深教师对幼儿快乐体操的理解，解决当下"具身认知"视域中幼儿快乐体操实践的相关问题。

第二阶段

1. 小结课题研究以来的进展情况，进行阶段性反思，并邀请有关领导或专家进行实地指导，以使后面阶段的研究进展方向更准，成果质量更高。

2. 根据中期汇报中发现的问题，结合领导或专家的意见与建议，调整、完善实施方案，注重收集、整理课题研究的过程性资料，为结题工作做准备。

3. 根据完善的实施方案，继续探索实施"具身认知"理念下开展幼儿快乐体操活动的操作性经验，着重从理性层面探索开展幼儿快乐体操活动支持性的策略，进一步丰富幼儿快乐体操案例和策略性经验的积累。

（三）结题鉴定阶段

1. 对课题研究过程中取得的经验进行理性的梳理和总结，完成课题研究结题报告的撰写。

2. 收集、整理幼儿快乐体操活动方案，将幼儿快乐体操活动设计汇编成册。

3. 整理课题研究中教师撰写的相关经验总结、优秀案例分析和论文。

4. 请专家对课题研究的成果进行鉴定。

六、实践操作

1. 开发可利用园内外快乐体操课程资源，形成系统特色资源库。

《纲要》总则部分提出，"幼儿园应与家庭、社区密切合作，与小学相互衔接，综合利用各种教育资源，共同为幼儿的发展创造良好的条件"，教育资源是实施教育必备的基础，也是实现教育目标的必要保障。课题组在园所现有的人力、物力和财力基础上，不断挖掘园内外的快乐体操教育资源，包括活动场地、器材设施、人才资源以及家长资源，为贯彻"具身认知理论"，开展快乐体操活动创造良好条件。课题组在充分开发、整合、利用园内外一切可利用资源的同时，构建了快乐体操特色资源库。确定了类别、项目、资源、活动等栏目，对快乐体操活动可利用资源进行全面的梳理，对应确立教育资源，做到资源有编号，落实有人员，为教师在实施亲自然课程需要查询、选择资源时提供了方便，保障了快乐体操活动的实施。

2. 大力开展内容丰富、形式多样的快乐体操教育活动。

要保证快乐体操活动的顺利开展，教师的精心设计、组织和活动过程中的悉心指导显得尤为重要。要切实培养幼儿参与快乐体操活动的兴趣和习惯，有效增强幼儿的体能和体质，促进身心健康发展，不是通过对幼儿的说教能够实现的，而应让幼儿亲历体操活动的过程才能成为现实。在实践过程中，课题组一是通过采用项目化学习方式，在快乐体操活动中注意观察幼儿的行为表现，及时发现幼儿的关注点，追随幼儿兴趣，衍生相关动作技能练习，寻找课程生长点；二是通过多种途径将快乐体操渗透于日常教育教学活动，如晨间锻炼时间利用大型器械进行游戏式练习，集体教学时间进行专项技能的学习掌握；三是融合多样化的教学方式，如情境教学、韵律教学、动作示范、游戏比赛、辅助保护等，保证体操活动的趣味性、适宜性。

3. 基于课题、结合实际，挖掘幼儿快乐体操活动开展的支持性策略。

在研究过程中，课题组通过对资源的开发和利用、特色活动的开展以及对提高师资培训的实践性研究，探索和积累践行"具身认知理论"开展幼儿快乐体操活动的支持性策略，并认为，可以通过整合资源策略保障快乐体操活动的有效开展；游戏情景策略凸显快乐体操活动的趣味性；环境熏陶策略打造实用美观兼具、科学有序并重的课程环境；关注个体差异策略鼓励支持体弱儿、肥胖儿参与体操运动，提高身体素质；家园合作策略挖掘和利用家长资源，以丰富有关快乐体操的活动课程项目和内容。

七、研究成效

《纲要》和《指南》在教育内容和教学形式上要求"开展丰富多彩的户外游戏和体育活动,以培养幼儿参加体育活动的兴趣和习惯"。显而易见,要保证幼儿快乐体操活动的顺利开展,在"具身认知"视域下教师坚持按照幼儿的年龄特点和他们对快乐体操活动的兴趣爱好出发,去设计体现"具身认知"视域的幼儿园快乐体操活动就显得尤为重要和必需。

要践行"具身认知"视域下幼儿快乐体操活动,教师必须从前期准备、过程管理和后续性调整等环节潜心探究既符合幼儿快乐体操活动规律又切实可行的支持性举措,并作理性的梳理和提炼,逐渐形成相应的有效支持性策略,以保证体操活动不仅能让幼儿喜闻乐见,而且能真正实现让每个幼儿的身心都能得到协调、和谐健康的发展,为他们的成长和发展打下良好的基础。

在课题研究的过程中,课题研究实施方案的确定、修改、完善,促使课题得以顺利进行,也便于计划的执行。教师在本课题实践研究过程中,专业素养得到了提高,对于"具身认知"的理论认知、"幼儿快乐体操活动"实践能力得到了提升,有利于促进教师教育教学工作的优化。

江苏省苏州工业园区钟园幼儿园 府婷玉

生活力思想下的幼儿学习力生长支持策略的研究方案

一、研究背景

生活教育理论提出了四点学生核心能力的培养，即学习力、生活力、自治力和创造力。生活力是陶行知生活教育理论的重要组成部分，他认为教育应当培植生活力，使学生向上长，指出运用环境里的活势力，去发展学生的活本领，即征服自然、改造社会的活本领。而学习力是指在学习过程中体现的力量，它反映了幼儿学习的综合能力，如学习动力、学习态度、学习能力等。

教学由"知识本位"向"幼儿本位"转变是当下教育的共识，是个人发展、社会需要和学习意识的必然。我们应运用陶行知的生活教育理论，从幼儿身心发展规律和学习需求的角度去理解幼儿，接纳幼儿在学习中的自主学习、研究、交流、评价的权利，唤醒幼儿内在的学习能量，让幼儿成为学习活动的主人。

每一个幼儿都是独立的、独特的学习者，天然具有主动学习、自我发展的需要。为了顺应让每一位幼儿在自然中成长的教育理念，我们开发了田园课程，幼儿在田园课程活动中学习新知识、获得新信息、发现问题、分析问题、解决问题，实现自我价值。在开展田园课程活动中，我们注重观察幼儿的学习行为，引导幼儿自主确定学习目标，在互动中完成学习任务，逐步提高幼儿克服困难、解决问题的能力。学习力的生长是幼儿终身学习的素养，是实现幼儿自然生长的核心，它将为幼儿的终身可持续发展奠定一定的基础。

二、研究目标

1.通过课题研究，探索幼儿学习力生长的内涵与规律，激发幼儿的内在学习动力。

2.通过课题研究，建构生活力思想下幼儿学习力生长的支持策略资源库。

3.通过课题研究，构建并形成幼儿学习力生长的教育协同支持体系。

三、研究内容

1.对陶行知生活力思想内涵、要义及其对幼儿学习力生长的指导意义研究。

研究要点：研究陶行知生活教育的理论内涵、要义、时代价值等，特别是挖掘"生活力思想"的教育主张、具体含义及其之于幼儿学习力生长的指导意义。

2.对幼儿学习力生长现状的调查研究。

研究要点：通过跟踪观察、记录等形式，了解幼儿学习力的现状，研究学习力生长中存在的问题，分析造成问题的原因，为幼儿学习力生长的支持策略提供一定的参考和依据。

3.对幼儿学习力内涵、要素及其内生逻辑与外源影响的研究。

研究要点：影响幼儿学习力的因素，一般是目标、动机、意志力、信息加工能力和经验。目标的正确与否影响着个体的行为与动机，影响着学习力的指向，而动机对学习具有调节作用，意志力的高低决定着学习活动是否高效，信息加工的过程又关乎着幼儿的注意力、观察力是否专注，经验的丰富程度又支持着幼儿的学习力，所以在课题研究中我们将注重分析影响幼儿学习力生长的因素，并及时调整研究策略，从而更好地支持幼儿的活动。

4.对生活力思想下幼儿学习力生长支持主体、类型与策略的研究。

研究要点：主要采用行动研究法与经验总结法，研究生活力思想下支持幼儿学习力生长的多元主体协同机制；研究生活力思想下幼儿学习力生长的情感、资源、教学、评价等支持类型与路径；研究生活力思想下幼儿学习力生长的支持策略的有效运用。

5.生活力思想下多维支持促进幼儿学习力生长的实践成效研究。

研究要点：通过案例研究法等，研究生活力思想下多维支持促进幼儿学习力生长的标志性成效；积累并分析生活力思想下多维支持促进幼儿学习力生长的典型案例，反思与总结多维支持的成败得失及后续研究与实践的改进。

四、研究方法

1.文献研究法：学习陶行知生活教育思想的内涵特征与价值等相关资料，鉴别、整理和分析关于学习力生长的相关文献资料，并通过对所收集资料的研究形成对本课题有关概念的认识与思考，寻求理论层面的支持，构建理论框架。在整理、分析文献资料的基础上，设计课题方案，确定课题研究目标和内容，归纳提炼出与本课题密切相关的信息，使研究能够得以更快更好地开展。

2.行动研究法：采用理论联系实际的做法，通过在生活力思想指导下开展田园课程活动，提炼幼儿学习力生长的支持策略，不断积累经验，保证课题研究在边实践、边研究、边验证、边完善的进程中顺利开展。

3.案例研究法：通过对研究对象进行跟踪观察，对研究过程中存在的问题、解决的策略以及得到的收获几方面进行分析总结，从而研究其学习力生长的全过程，形成学习力生长的案例，以使课题研究的成功典型案例能得到推广与分享。

4.经验总结法：对课题研究过程的感性经验和认识进行提炼和概括，提高相应的理性认识，形成相关的促进幼儿学习力生长的策略、途径等研究经验。在研究中，我们将组织课题组成员对一阶段的研究作认真回顾，在研究分析的基础上形成各种经验报告，并及时调整下一步的研究策略，对于取得的经验成果将在一定范围内进行宣传推广。

五、研究步骤

（一）准备阶段

1.进行选题论证，设计研究实施方案，完成课题申报立项工作。

2.查阅文献资料、收集相关研究的成果信息，为课题研究做前期准备。

3.组建课题组，明确分工职责，制订子课题研究计划。

4.健全学习交流的制度，学习有关文献资料，进行前期学习和培训。

（二）实施阶段

1.认真学习关于陶行知生活教育的理论和幼儿学习力生长方面的文献，领悟其中的思想内涵，积累相关的研究资料。

2.通过跟踪观察、记录等形式，了解幼儿学习力的现状，研究幼儿学习力生长中存在的问题，分析造成问题的原因。

3.在实践中逐步探索影响幼儿学习力生长的因素，以及幼儿学习力生长的内生逻辑，寻找幼儿学习力生长的支持策略。

4.以园内开放、园际开放为途径，及时呈现与分享幼儿园课题研究中取得的成果或遇到的困惑，在交流展示中不断完善、不断成长。根据实际状况调整研究的侧重点。

5.深度开展生活力思想下多维支持促进幼儿学习力生长的实践活动，通过对各种典型案例反思总结多维支持的成败得失及后续研究与实践的改进，从而发掘促进幼儿学习力生长的实践成效。

6.小结课题研究以来的进展情况，进行阶段性反思，并请有关领导或专家进行实地指导，以使后面阶段的研究进展方向更准，成果质量更高。

7.根据中期汇报中发现的问题，结合领导或专家的意见与建议，调整、完善实施方案，注重收集、整理课题研究的过程性资料，为结题工作做准备。

8.根据完善的实施方案，继续探索实施生活力思想下幼儿学习力生长的支持策略研究，着重从理性层面探索开展促进幼儿学习力生长支持性的策略，进一步丰富促进幼儿学习力生长的典型案例和策略性经验的积累。

（三）结题鉴定阶段

1.对课题研究过程中取得的经验进行理性的梳理和总结，完成课题研究结题报告的撰写。

2.收集、整理研究中积累的经验，形成专题论文或主题案例。

3.整理课题研究中教师撰写的相关经验总结、优秀案例分析和论文。

4.请专家对课题研究的成果进行鉴定。

六、实践操作

1.学习中提炼并构建促进幼儿学习力生长的理论框架

收集、学习相关资料，了解陶行知生活教育理论思想的内涵与实践价值，同时深入研究本园的田园课程特点，并通过对所收集资料的研究形成对本课题有关概念的认识与思考，寻求理论层面的支持，构建理论框架。进一步明确课题研究的方向与重心，完善课题研究实施方案，为教师科学制订课题研究计划，正确寻找幼儿学习力生长的支持策略提供一定的参考和依据。

2.实施中积累并分析多维支持促进幼儿学习力生长的典型案例

运用系统思维，确定每一阶段的研究重点，定期进行课题研究与研讨交流活动。以教研活动、课程故事分享、项目活动分享、反思讨论等形式，开展幼儿学习力生长的实践路径与协同支持的研究，有序分步实施，落实研究内容。

3.调适中充分挖掘促进幼儿学习力生长的支持性策略

在行动研究过程中，课题组成员根据实际进程进行总结反思活动，并与专家引领相结合，适时对课题研究方向与重心进行调适，重点关注生活力思想下幼儿学习力生长的情感、资源、教学、评价等支持类型与路径。寻找生活力思想下幼儿学习力生长的支持策略，以及这些策略能否有效运用，最终总结提炼生活力思想下幼儿学习力生长的支持策略研究的相关资料，形成课题研究的整体性成果，建构生活力思想下幼儿学习力生长的支持策略资源库。

七、研究成效

学习力是一种内在的素养，伴随幼儿学习的整个过程。学习力生长是一种学习的动力系统，激励着幼儿的自主建构。学习力生长也是一种生命的成长状态，着眼于幼儿学习的自然生长。我们根据幼儿学习力生成与发展的规律，在田园课程活动的开展中实行家庭与学校的协同支持与配合，在学习者不同的学习时期，选择不同的支持策略，努力扬长避短促进幼儿的学习力生长。

1.整体规划：通过收集、学习相关资料，了解陶行知生活教育理论思想的内涵与实践价值，同时深入研究田园课程特点，进一步明确课题研究的方向与重心，完善课题研究实施方案，包括子课题研究的实施方案，科学制订研究计划。

2.分头实施：运用系统思维，确定每一阶段的研究重点，定期进行课题研究与研讨交流活动。以教研活动、课程故事分享、项目活动分享、反思讨论等形式，开展幼儿学习力生长的实践路径与协同支持的研究，有序分步实施，落实研究内容。

3.过程调适：在研究推进过程中，根据实际进程进行总结反思活动，并与专家引领相结合，适时对课题研究方向与重心进行调适。

4.综合成果：对生活力思想下幼儿学习力生长的支持策略研究的相关资料进行总结提炼，形成课题研究的整体性成果，建构生活力思想下幼儿学习力生长的支持策略资源库。

本课题以陶行知生活教育理论为指导，引导幼儿运用环境里的活势力，去发展他们活本领的同时，着眼于幼儿学习力的生长。同时提高教师对田园课程的实践能力，为有效开展田园课程活动提供一定的理论支撑，提炼促进幼儿学习力生长的支持策略，研究建立幼儿学习力生长的支持成效体系，形成多维度、有创意的课题研究成果。

本课题研究成果将为陶行知先生"生活教育"的理论在新时代幼儿园教育的实践应用提供时代注解，补充并丰富幼儿园关于学习力生长的教育理论，填补学习力生长协同支持相关理论空白，为现有相关理论提供具有支撑作用的典型案例，为同类研究与实践提供借鉴。

江苏省苏州市吴江区平望幼儿园　王小英
江苏省苏州市吴江区震泽幼儿园　李舒玙

集体运动中
幼儿自我保护能力提升的研究方案

一、研究背景

运动是幼儿园的主要课程之一，对于幼儿的全面发展有着重要的作用。促进幼儿的健康与尊重幼儿的生命是幼儿园教育的核心内容，也是提升园所办园质量的评估要素之一。运动中的安全教育及安全指导是确保幼儿身心健康的基础保障。运动活动是促进幼儿身体发育和增强体质的重要因素。运动能促进幼儿身体各项功能的发展，也能促进幼儿积极的运动思维及心理健康。同时，运动活动还能提升幼儿对于外部环境的适应能力，对于幼儿的终身发展发挥着至关重要的作用。

集体运动安全教育中存在的突出问题：

1.幼儿缺乏自我保护能力

幼儿的肌肉、骨骼及关节还未发育成熟，骨骼的坚固性较差，易出现变形弯曲等问题。幼儿肌肉力量较弱，韧带较松，牢固性较差。因此，他们的动作协调性、平衡感、力量及耐力等身体素质都较差，导致在身体运动的状态下，容易出现摔跤的情况。另外，他们缺乏生活经验，对于周围环境又充满好奇与探索欲，在运动活动中时常出现意外，缺乏对运动环境的风险预判，自我保护能力较弱。

2.教师缺乏运动安全专业知识及指导方法

　　幼儿骨骼及关节还未发育成熟，虽然对于不同年龄段纵跳的高度都有具体说明，但教师如果未关注到幼儿动作发展的特点，在环境创设及材料投放上会存在过高的风险，导致损伤幼儿膝盖及关节。幼儿园每年会引进一些见习教师，他们刚刚走上幼教一线，缺乏实践工作经验，在运动的设计与组织中存在盲目性，或者因为活动目标定位过高，而引发不安全因素。另外，一些教师在组织集体运动中，对于动作的把握及解读不到位或示范不到位，会导致幼儿肌肉或骨骼损伤的事故发生。

二、研究目标

　　基于幼儿园集体运动组织与实施中幼儿运动安全方面的典型性问题，探索与积累不同年龄段运动中自我保护能力的支持策略，提升教师在集体运动活动中的安全指导能力。

三、研究内容

1.幼儿园集体运动组织与实施中的安全防护与指导的基本知识。
2.幼儿园集体运动中的安全观察要点。
3.幼儿园集体运动材料安全投放的策略。
4.幼儿园集体运动中常规建立的指导策略。
5.幼儿园集体运动中幼儿安全意识提升的策略。

四、研究方法

1.实践研究法：对教师在集体运动组织与实施中安全方面存在的问题开展相应的研究，探索与积累集体运动组织中提高幼儿安全意识及自我保护能力的方法。

2.行动研究法：根据不同年龄段幼儿动作发展的特点，结合集体运动中的实践探索，边实践边反思及时调整指导策略，确保安全指导策略的适宜性、针对性及科学性，促进不同年龄段幼儿自我保护能力的提升。

3.案例研究法：借助集体运动组织与实施中幼儿在运动安全方面的典型行为，通过案例分析与实践验证的方式，探索与培养不同年龄段幼儿运动中的安全意识，并在此过程中提炼幼儿安全能力培养的支持性策略。

五、研究步骤

（一）准备阶段

1.通过查阅并分析文献的方式，了解他人的研究进展及研究经验，确定研究方向及主要研究内容。

2.通过问卷调查与访谈的形式，全面收集教师在集体运动安全知识方面的储备情况及安全指导中的困惑与问题。

（二）实施阶段

1.针对调查中发现的问题及教师组织集体运动方面的专业需求，设计课题研究方案，初步确定研究的内容。

2.提供教师参与运动专题及安全指导方面的培训机会，全面积累运动安全方面的知识。

3.以大组教研与小组教研全面推进的方式开展研究，针对3—6岁幼儿年龄段的运动发展特点及运动安全中的典型问题进行反复论证，探索适宜的支持策略，提升幼儿运动中的安全意识及自我保护能力。

（三）结题阶段

1.通过研究后期的问卷调查及访谈，了解教师对集体运动组织与实施中安全知识及安全指导方面的认知，验证研究成效。

2.课题组成员共同汇编研究成果。

3.对课题研究过程中取得的经验进行全面梳理和总结，完成课题研究结题报告。

六、实践操作

（一）借助"多元培训"提升教师的运动安全知识

作为在一线工作的教师，难免会碰到各种突发的安全事故，因此，园所要加强教师安全保健及意外伤害应急处理的专业知识，进行相关培训，提升教师的运动安全技能，如运动中出现意外伤害时的应急处理、不同季节开展运动的注意事项、特殊体质幼儿的安全护理等。

为了进一步提升教师运动组织中的安全与指导能力，可采用"送出去"及"请进来"的两种专家指导方式。"送出去"是指通过专家的理论梳理及现场教学展示，直观了解科学组织运动及运动安全指导的方法；"请进来"是指通过专家面对面的指导，聚集实践，让教师更好地内化运动中的保健护理及运动中安全保护的专业知识。

（二）聚集"关键问题"梳理集体运动的安全指导方法

基于问题的研讨才能让研究更具生命力，为了进一步提升教师安全指导的方法，通过前期调查与访谈的方式，收集教师在集体运动组织与安全指导方面的困惑与问题，在不断的实践与研讨中，梳理解决的方法。教师可以从活动前的准备、活动中的指导及活动后的调节三方面梳理相应安全指导方法。

1.充分的准备是安全运动的前提

在集体运动组织中，充分的准备是安全、高效开展集体运动的前提条件。

（1）物质准备

第一，运动环境与场地。教师在集体运动开展前对于运动的场地进行风险排查，如开展跑跳类游戏，对于跑跳的地面进行排查，确保地面平整，没有多余的障碍物。在室内运动中，由于场地较小，幼儿人数较多，教师要尽量扩大活动场地，提高场地的最大利用率，避免幼儿碰撞。想要给幼儿创设大一点的室内运动空间，也可以利用走廊或楼梯设计一些游戏，让幼儿在不同空间中得到锻炼。

第二，运动材料与器械。对于投放的材料事先进行检查，对于破损的器械及时更换，对于材料或器械的安全性及适宜性进行筛选。

第三，适合运动的服装及鞋子。活动前，教师要做好家长沟通工作，确保幼儿穿便于运动的鞋子与衣服，建议衣服宽松、透气性好。教师要对幼儿穿的鞋子进行检查，运动的鞋子不宜太软，也不能太硬，如果幼儿穿系鞋带的鞋，要确保鞋带系好。

（2）身心准备

运动前的热身是唤醒幼儿肌肉及心理准备的重要条件。教师在集体运动的准备环节，可采用音乐支持的策略，通过音乐的渲染能有效激发幼儿积极运动的情绪，音乐能够起到一种积极的暗示作用。

对于音乐素材的选用，教师应全面思考音乐与集体运动的关联性。如小班集体运动"小鱼吹泡泡"中，教师在第一环节运用改编版的"健康歌"，幼儿在节奏欢快的音乐背景下自然模仿小鱼做各种热身运动，不仅能有效调动幼儿参与的积极性，同时在模仿游戏的过程中也有助于活动关节，避免正式运动中的肌肉拉伤或关节损伤。

2.有效的指导是安全运动的关键

在运动中，由于人数、场地、经验缺乏等多重因素的限制，导致教师对于幼儿在运动安全中的观察与指导常存在不到位或缺乏方法等问题。基此于，教师可以运用以下策略：

（1）良好运动常规是运动开展的前提

不同信号听辨，可以助推幼儿了解常规。在运动组织中，运动常规的培养可以通过不同的信号进行，如教师通过语言的指令游戏，让幼儿快速听辨不同信号。通过不同信号的引导与运用，让幼儿更加有序参与运动，以确保幼儿安全。

（2）全面观察是运动安全指导的基础

教师在集体运动中的观察是全面了解幼儿运动发展情况的基础，能更加准确了解幼儿在运动中的表现，有助于教师更好支持与引导幼儿运动。针对运动中安全方面的观察要点，可以从以下几方面进行：

幼儿运动安全观察表

序号	观察指标	观察要点
1	运动服装	幼儿运动时的着装是否适宜？
2	运动材料	运动材料是否充足？是否能满足每一位幼儿的发展需要？ 运动环境是否存在安全隐患或干扰因素？
3	运动场地	运动场地是否安全？ 运动场地是否适合幼儿当前运动？ 运动场地规划是否有助于教师观察与指导？
4	运动动作	幼儿的基本动作是否正确？
5	运动行为	幼儿在运动中能否主动躲避危险或不给他人造成危险？ 幼儿是否遵守运动游戏的规则？ 幼儿在运动中是否出现争抢或推挤等不安全行为？ 幼儿对运动中存在的潜在危险是否会预判并及时调整自身行为？
6	运动调节	幼儿在运动中能否调节运动量进行休息与放松？

（3）针对性指导是安全运动的关键

当幼儿动作不规范而可能会造成身体损伤时，教师应及时指导。

当幼儿无法掌握动作要领时，教师可采用示范演示的方式对动作进行讲解，引导幼儿在观察与练习中，逐步掌握。通过及时的指导，幼儿能够较快掌握并运用动作要领，体验到运动的快乐。

当幼儿在运动中不遵守规则且影响同伴游戏时，教师需及时介入。当幼儿出现不安全行为且影响自身或同伴活动时，教师要及时制止。如果只是个别的行为，可以采用个别指导的方式，如果多数幼儿出现不安全行为，可组织集体交流讨论的方式，在情景再现的过程中，引发幼儿思考这种行为会有什么后果，从而获得正确的行为指导，并提高安全意识。

3.运动后的身心调节是安全运动的保障

在一些高强度的集体运动中，运动后的放松整理也是缓解幼儿身心疲劳的有效策略。在放松整理中，应关注重点部位或重点环节的放松，可以选择一种轻柔的音乐，在音乐暗示及语言提示下，缓解身心疲劳。

（三）开展"多种感知"提升幼儿风险预判能力

在集体运动组织与实施中，教师应积极调动幼儿的多种感官共同参与运动及管理。教师可以通过"看、摸、说"等多种感官的使用，让幼儿了解运动中可能存在的风险，提升幼儿的风险预判能力。

1.看——寻找运动材料的潜在危险

在幼儿园器械材料的投放与管理中，教师可以发挥幼儿共同参与管理材料的作用，如"我是材料管理员"的活动，采用班级认领材料箱的办法来管理材料，每周或每天运动结束后，幼儿在老师带领下共同检查材料的损坏情况，对于破损的材料及时修补，不能修补的作报废处理。另外，幼儿可以与老师共同承担"小小安全员"的角色，通过对园所运动设施、运动场地或运动材料的检查，及时清除活动场地的障碍，做好安全防范工作。

2.摸——触摸运动器械的材料特性

由于运动器械的特性不同，在材料使用中如果使用不当也会存在安全隐患。因此，在新运动材料投放前，教师根据材料的不同特性，可以组织幼儿通过多感官观察与体验的方式，了解材料的特性和使用方法，积累新材料探索中的注意事项，避免安全隐患。

3.说——谈论不良运动的影响后果

在集体运动中，幼儿们急于参与游戏，追求游戏的结果，但往往由于经验或方法缺乏引发了一些不安全行为。因此，活动前的交流、活动中的讨论、活动后的分享，都是至关重要的。活动前，可以通过交流活动的规则，了解不良运动行为的后果。活动中，通过观察幼儿遵守规则的情况，对不遵守规则的幼儿适当"小惩罚"，培养幼儿的后果意识。活动后，对于幼儿的规则遵守情况进行评价，巩固遵守规则的行为。

七、研究成效

在集体运动组织中，教师要不断提升自身的专业知识，积累运动中应急处理的方法，对于运动中的风险进行全面预判与排查，做好充分的运动前准备，明确运动中安全观察的要点，根据幼儿的不同需求进行针对性指导，促进幼儿快乐运动，健康成长。研究中，我们就开展集体运动安全教育中存在的问题进行分析，并提出针对性的指导策略，从而提升幼儿的自我保护能力及集体运动中教师进行安全指导的能力。

上海市松江区蓝天幼儿园 毛雪芳

利用生活教育提高幼儿自我服务能力的研究方案

一、研究背景

《指南》指出：幼儿身心发育尚未成熟，需要成人的精心呵护和照顾，但不宜过度保护和包办代替，以免剥夺幼儿自主学习的机会，养成过于依赖成人的不良习惯，影响其主动性、独立性的发展。很多幼儿的独立性较差，进入集体生活时，很多问题接踵而来。例如：幼儿不会自己穿脱衣服、进餐时用手去直接触碰饭菜、区域游戏时玩具摆放混乱、天气热时身体出汗不知道脱衣服等。这些现象都表明幼儿在生活中缺乏独立管理自己的能力，自我服务的意识和能力较弱。同时，也表现出教师对于幼儿自我服务能力培养方面缺乏深层次研究，需深度挖掘一日生活中可利用的课程价值，有效促进幼儿自我服务能力的发展。

幼儿自我服务能力是幼儿在日常生活中照料自己生活的自我服务性劳动的能力。《幼儿园保育教育质量评估指南》指出：指导幼儿进行餐前准备、餐后清洁、图画书与玩具整理等自我服务，引导幼儿养成劳动习惯，增强环保意识、集体责任感。幼儿自我服务能力的强化，有益于幼儿养成良好的生活习惯和形成独立的人格个性，为幼儿一生的发展奠定基础。

二、研究目标

1.结合《指南》和相关课题理论知识,在幼儿一日生活中采取适当的教育策略促进幼儿自我服务能力课程的有效开展。

2.通过挖掘幼儿生活中潜在的教育价值,培养幼儿自我服务能力,增强幼儿的独立性和自信心。

3.进一步丰富幼儿自我服务能力的课程结构,提高教师挖掘生活课程资源开发的能力。

三、研究内容

1.以生活教育为基础,开展相应的生活和游戏活动,深度挖掘其在一日生活中潜在的价值。

2.结合《指南》和教研活动中学习所得的理论知识,制定适合各年段幼儿的主题课程,采取课程游戏化的方式,使其渗透于幼儿一日生活中。

3.加强家园之间的及时沟通,针对幼儿在不同阶段的表现,总结反思、调整策略,在长期的协作配合中体验"合力效应"。

4.针对各年龄段幼儿存在的实质性问题进行课程实施、观察记录、随笔记录和论文撰写等实践活动,提升教师专业水平。

四、研究方法

本次研究过程中,我们将以幼儿生活教育为基础,深度研究、观察、分析和总结如何有效提高幼儿自我服务能力的方式和方法。计划采用以下几种方法:

1.文献研究法:收集和分析研究有关文献资料,从中选取信息,以达到调查研究的目的。

2.调查研究法:通过调查了解客观情况直接获取有关材料,并对这些材料进行分析。

3. 观察法：在自然条件下，有目的、有计划地对自然发生的现象或行为进行考察、记录和分析。

4. 行动研究法：行动研究法的目的不在于建立理论、归纳规律，而是针对教育活动和教育实践中的问题，不断地探索、改进，解决教育实际问题。

5. 经验总结法：通过对实践活动中的具体情况，进行归纳与分析使之系统化、理论化，并上升为有效的经验。

6. 个案研究法：个案研究也称个案调查，是对某一特定个体、单位、现象或主题进行研究，详细了解、整理和分析研究对象产生与发展的过程、内在与外在因素及其相互关系，以形成对有关问题深入全面的认识和结论。

五、研究步骤

第一阶段：课题准备阶段

1. 成立课题研究小组，进行分工，明确各自的职责。

2. 通过日常观察和与家长的沟通，调查了解幼儿在生活中自我服务能力的实际水平。

3. 查阅文献，收集资料，进行有关课题理论知识的教研学习活动。

第二阶段：课题实施阶段

阶段一：

1. 根据各班幼儿存在的自我服务方面的问题现状进行研讨。

2. 结合《指南》，制定符合各年龄段幼儿的主题课程，注重课程游戏化，在幼儿一日生活中培养幼儿自我服务的意识和能力。

3. 家园之间及时沟通，确定教育策略，针对幼儿在不同阶段的表现及时调整策略，在长期的协作配合中体验"合力效应"。

阶段二：

1.在教研组进行阶段性总结的基础上，根据幼儿的实际情况进行反思调整。

2.进行各年龄段自我服务能力生活化课程故事汇报，开展成果研讨会。

3.各班教师对幼儿前后自我服务能力的表现进行跟踪观察、记录或对幼儿一日生活中的发现进行随笔记录。

阶段三：

1.开展"自我服务，快乐成长"生活技能大赛，让活动的策略更具科学性、合理性，同时互相推广各自的研究成果，使之具有可操作性、评价性、激励性。

2.各班教师根据课题研究过程撰写相关论文。

第三阶段：课题总结阶段

1.收集、整理、分析研究资料。

2.召开课题组成员参加结题会议，总结并展示成果。

3.撰写课题结题报告。

六、实践操作

1.开展课题相关理论的学习教研活动，提高教师实施生活课程资源的能力。

教师的知识储备是顺利开展课题的重要保证。课题研究初期，课题组成员每人选择一本与课题内容相关的书籍，依次进行"读书分享交流会"，同时自主进行网上学习，并撰写学习心得。通过多种形式的学习，教师对于生活课程中挖掘幼儿自我服务方面的能力有所提升，所学的知识内容获得有效的消化，同时进行资料整理，投放在园内的教师资源库，方便今后有相关课题研究的教师进行查阅，也为园内教师业务学习活动提供了学习材料。

2.挖掘幼儿生活教育的潜在价值，组织多种形式活动，丰富园内课程。

根据课题的总体规划，课题组成员围绕幼儿日常的生活环节，并依据《指南》进行各年龄段幼儿自我服务能力培养目标的设定。课程实施不是只有一种形式，教师通过集体教学活动、区域游戏活动、生活活动、种植活动、节日活动等多种形式，将设定的目标有机渗透。例如：小班生活区域中投放夹、捏、切等活动材料，增强幼儿手部肌肉的锻炼；中班幼儿午睡时，进行整理衣物的比赛性游戏，在培养自理能力的同时，激发幼儿参与活动的积极性；大班在进行种植活动时，提供铲子、种子、肥料，引导幼儿自己动手操作，培养幼儿做力所能及事情的意识。

3.针对幼儿活动中自我服务能力的个体差异，进行实质研究，形成有效的支持策略。

《指南》指出：每个幼儿在沿着相似的进程发展的过程中，各自发展的速度和到达某一水平的时间不完全相同。在生活课程活动的实施过程中，由于幼儿自我服务能力的个体差异，教师需要注意活动材料投放的层次性并进行个案跟踪研究，有针对性地实施有效策略，帮助幼儿提升自理能力。同时与家长交流幼儿在家时自我服务的状态和能力，家园合作，共同培养幼儿自我服务的能力。

七、研究成效

课题研究的过程中，教师能够以生活教育为基础，从幼儿日常生活和游戏中发现幼儿自我服务能力各方面存在的问题，并针对不同年龄段幼儿特点探究新途径和新方法。课题组成员通过对理论知识的学习，逐步能够深度挖掘在一日生活皆课程中潜在的价值，提高幼儿在生活、生理和游戏中的自我服务能力，同时丰富了幼儿园的课程结构，生活教育就这样在无形中进入了幼儿日常生活的各项活动中。

1.根据现实中存在的问题并结合《指南》总结出相关培养策略，以促进幼儿自我服务能力为目的，提高幼儿生活自理能力，培养幼儿的良好学习兴趣和习惯，丰富幼儿在园活动。

2.增强幼儿的坚持性、独立性、责任心和自信心以及克服困难的坚强意志，提高幼儿的独立能力，并使他们拥有良好的自我服务能力，促进幼儿后期的持续学习和健康发展。

3.进一步丰富生活教育中的幼儿自我服务能力的课程结构，提高教师挖掘生活课程资源开发和观察儿童的能力。同时形成相关课题的观察记录、随笔、论文等有价值的材料。

4.在与家长长期的协作配合中，体验家园合作的重要性和美好意义。

江苏省盐城市大丰区大桥镇中心幼儿园 费凡

一日生活中幼儿劳动能力评价的研究方案

一、研究背景

在学前阶段开展幼儿劳动教育，有助于促进幼儿形成正确的劳动观念。当下，家长过度溺爱幼儿，事事包办代替，导致幼儿自理能力差、动手能力弱，长此以往对幼儿终身发展和后续学习会产生不良影响，降低幼儿的幸福感和通过劳动而获得的成就感。因此，如何让劳动教育根植于幼儿的心中、落实在幼儿的行动中，加强幼儿劳动习惯的养成是我们一直思考和研究的课题。

幼儿园在劳动教育实施的过程中也存在"短板"现象，关于幼儿劳动能力的评价没有完整的评价体系。此次，我们研究本课题是充分挖掘劳动教育的价值，让劳动教育的价值意蕴不断被重新赋予，锻造幼儿实践品格、劳动精神，丰富幼儿的情感体验。注重引导幼儿在不断尝试、不断探索中学会自主操作，学会知行合一，让幼儿在亲历体验中养成会劳动、能劳动、爱劳动的良好态度和习惯，培养幼儿不怕脏、不怕累、不怕苦的劳动品质。

二、研究目标

1.通过创设劳动情境，了解幼儿的劳动意识和劳动能力。

2.选择贴近幼儿生活的内容，创建培养幼儿良好习惯形成的园本课程。培养幼儿劳动兴趣、劳动技能，提升劳动思维，形成良好的劳动习惯。

3.根据幼儿年龄特点，制定不同层次的劳动能力评价标准。

4.提高教师科学指导幼儿劳动能力提升的专业水平。

三、研究内容

1.收集、整理适合幼儿年龄特点的一日生活过渡环节中的劳动内容，依据内容制定不同年龄阶段的教育目标及活动形式。

2.根据幼儿不同的年龄特点，制定出适合本园的劳动评价标准。

（1）制定小班幼儿生活自我服务的评价标准。

（2）制定中班幼儿在自我服务的基础上主动参与集体劳动的评价标准。

（3）制定大班幼儿明确任务的评价标准。

3.培养幼儿劳动能力的策略研究。

针对不同年龄段幼儿的特点，尊重幼儿个体差异，根据实践观察，从兴趣性、坚持性、技能型、责任感几个方面研究培养幼儿劳动能力的策略。

四、研究方法

1.调查法：开展课题研究前，对幼儿在家庭中劳动能力的现状进行调查。

2.案例讨论分析法：选择经典案例进行研讨和分析，在分析的过程中研究劳动教育如何有效地融入幼儿园园本课程，是否适合幼儿的年龄特点和发展水平，关注幼儿发展。

3.行动研究法：根据幼儿年龄特点，在行动中探索对策，做好观察记录，形成理论成果。

4.实施家园共育法：家庭是幼儿成长的港湾，家长的陪伴是教师无法替代的。因此，实施家园共育，将劳动的教育价值放大到幼儿的家庭生活中势在必行。教师可以指导家长培养幼儿劳动能力的技巧和方法，组织家长分享在家庭中进行劳动教育的成功经验。

五、研究步骤

（一）准备阶段

1. 成立课题组，制定研究实施方案，对课题组人员进行任务分工。

2. 选择6个实验班，小班、中班、大班各2个实验班。分别召开实验班教师和家长会议，做好课题启动的准备工作，取得实验班教师和家长的积极支持。

3. 组织课题培训，学习记录单设计与使用的相关理论知识及案例分析。

（二）实施阶段

1. 继续查阅与幼儿劳动能力评价研究相关的资料文献。

2. 设计问卷调查表《幼儿劳动能力与教师评价调查》，发放给中、大班实验班教师，进行跟踪调查。

3. 对调查表进行分析整理，根据分析整理的结果对劳动记录单进行设计。

4. 课题成员及实验班教师对幼儿的劳动能力的发展水平进行分析。

5. 展开观察幼儿劳动过程和案例分析活动。

6. 请专家进行课题指导。

7. 整理课题中期过程性材料。

8. 书写中期报告。

（三）总结阶段

1.整理课题过程性材料，撰写课题报告。

2.深化课题结果，请专家及领导鉴定和评议。

六、实践操作

1.本着"自己的事情自己做"的原则，制定小班幼儿生活自我服务的评价标准。

小班幼儿入园后第一个学期是培养自理能力、构建自我服务意识的关键时期，著名教育家陈鹤琴先生提出："凡是儿童自己能做的，应当让他们自己做。"《纲要》中也明确指出：要培养幼儿具有基本的生活自理能力。幼儿的自理能力体现在自己会穿脱衣服、自己独立吃饭、自己整理衣物、自己洗漱等方面。我们针对培养小班幼儿自理能力开展了一系列丰富有趣的生活课程和相对应的目标评价标准，还设计了大量有关的儿歌和游戏，帮助小班幼儿尽快掌握穿脱衣服、拉拉链、漱口等生活自理的小窍门。

2.本着"别人的事情帮着做"的原则，制定中班幼儿参与集体劳动评价标准。

幼儿园劳动教育的开展，应以满足幼儿的身心发展需要为出发点，通过多样化的劳动活动，实现全面发展的教育目标。中班幼儿在完成自我服务的基础上，可以逐步培养其帮助同伴、为集体服务的意识，鼓励幼儿在力所能及的范围内帮助同伴、乐于参加集体劳动。在此阶段，教师应把劳动意识的形成、劳动习惯的培养贯穿在一日活动中，如叠被子、整理衣架、整理床铺、当值日生、照顾植物等。

3.本着"集体的事情抢着做"的原则，制定大班幼儿明确任务的评价标准。

大班幼儿的劳动除了自我服务方面的内容外，还需要培养为集体服务的能力。我们根据幼儿的一日生活内容，针对大班幼儿身心发展的规律和学习特点，制定出相应的劳动任务，主要有三个方面：自我服务、为班级集体服务、公益性服务。

自我服务具体内容有：自己穿脱衣服、鞋袜，使用筷子吃饭并在餐后整理自己的桌面，将碗筷放于指定位置；学会整理自己的仪表，清洁脸部，衣着整洁等；学会整理自己的学习用品，摆放整齐，定期清理抽屉、柜子。

为班级集体服务、公益性服务具体内容有：给植物浇水，给小动物换水，记录气象日记，给活动场地洒水、打扫等；在幼儿园内，整理公共器械、进行环保活动，帮助除草、捡石头、除杂物等；督促他人将衣服叠放整齐，维持游戏秩序等。

七、研究成效

劳动是幼儿社会生活的重要组成部分，日常生活为幼儿提供了鲜活的劳动教育素材。因此，幼儿园劳动教育的进行应贴近幼儿的日常生活，密切联系幼儿的生活经验。这就要求教师应全身心地沉浸到幼儿的真实生活中，仔细观察幼儿，善于倾听幼儿，全面了解幼儿，立足于幼儿已有的劳动经验，积极开展与幼儿现实生活联系紧密、符合幼儿生活需要的劳动活动。

本课题围绕与幼儿生活密切相关的自我服务劳动、日常家务劳动、社会公益劳动以及简单的生产劳动等进行，构建服务自我、服务他人与服务集体的劳动教育体系，坚持源于生活、回归日常、走向自身，从而实现幼儿身心与手脑的交融。

陈鹤琴主张："大自然、大社会都是活教材，在这个活教材里，幼儿们能从中学到经验和知识。""做"是幼儿学习的基础，只有在做中学、做中求进步，才能使幼儿真正获得发展。我们鼓励幼儿参与一日生活劳动，培养幼儿的任务意识、责任意识和奉献精神，从而锻炼幼儿的劳动能力。

通过本课题的研究，教师的观念有所改变，同时深刻认识到：劳动教育并非简单的体力劳动或学习技能，劳动教育最重要的内容是要培养幼儿热爱劳动的情感，形成正确的劳动价值观。在一日生活教育中，教师要能够有计划、有目的地积极引导幼儿参与劳动活动，抓住教育时机，利用教育机制对幼儿进行激励性评价。

河南省濮阳市实验幼儿园　韩娜

幼儿园班级公约制定与实施的研究方案

一、研究背景

幼儿园的班级公约在班级管理中扮演着重要的角色，对幼儿来说具有很大的教育价值，能够指导幼儿在一日生活中的行为，帮助其培养初步的规则意识，养成良好的习惯。《指南》中也指出，幼儿开始遵守基本的行为规范，从4—5岁开始已经能够感受规则的意义，并能基本遵守规则，班级公约的实行对幼儿来说有着很大帮助。但在班级公约制定与落实的过程中，我们常发觉班级公约并没有很好地引导幼儿的行为，发挥好其教育作用。班级公约的内涵没有深入到班级文化中，如何使班级公约发挥其真正的作用是我们亟须解决的问题。

班级公约应当是所有幼儿共同讨论、制定、同意并遵守的规定，但实际在班级管理中公约制定的方式单一，多为教师发现问题，组织讨论，最后形成规则，缺少能够引起幼儿兴趣的方式，不能满足幼儿的需求。

在公约实施的过程中，大部分幼儿没有理解公约的内涵，不清楚为什么要遵守，以及如果不遵守会怎样等，同时也没有相关的策略让幼儿融入公约的执行与维护，从而导致幼儿的参与度不高。

大部分班级公约制定后都一成不变，然而班内的问题却源源不断，班级公约并没有随之进行相应的调整，导致旧的问题没有解决，新的问题不断涌现，加重了班级管理的负担。

综上所述，在现有研究中对于班级公约制定的方式以及班级公约实施过程中的维护与监督较欠缺，缺乏儿童本位，而这个过程对于幼儿来说有着举足轻重的作用，故本研究深入探究班级公约制定与实施过程中如何更好发挥幼儿的作用，凸显幼儿的地位。

二、研究目标

1. 发挥幼儿的主体作用，支持幼儿发现、表达与执行，依托班级公约帮助幼儿逐步养成规则意识。

2. 优化班级公约的制定和实施过程，为教师提供可参考的经验和依据，帮助教师更好地进行班级管理工作。

三、研究内容

1. 班级公约的制定策略

班级公约的制定需要所有幼儿的参与，知其所想，通过各种方式了解幼儿真正的想法和需求，以幼儿感兴趣、能接受的方式来制定班级公约，同时要保证公约内容的严谨，在公约的呈现与表达上也要形象生动，符合幼儿的发展。

2. 班级公约的执行策略

班级公约制定完成后，要进行宣传和执行公约，在这个过程中，要让所有幼儿都充分理解、一致认同并遵守公约，同时也要采取一些策略来强化班级公约的管理。

3. 班级公约的优化策略

班级公约并非一成不变，问题会不断出现，支持幼儿发现问题，给幼儿提供环境、材料上的支持，让幼儿在看到问题后有渠道进行记录和反馈，引导幼儿自主对班级公约进行动态优化。

四、研究方法

1.文献资料法：查阅国内外相关研究资料，学习规则意识、班级管理等相关研究成果，依据《纲要》和《指南》社会领域的要求，指导研究者制定与实施班级公约，帮助课题研究有效开展。

2.行动研究法：依据幼儿的年龄特点和现有经验，开展对班级公约制定与实施的探索研究，结合幼儿的发展与认知情况，不断反思并修正方案，在实践的过程中逐步完善班级公约制定与实施的策略，获得符合幼儿规则意识发展规律的有益经验。

3.经验总结法：积累课题研究过程中的资料，梳理、总结班级公约制定与实施研究的经验和方法，使之具有一定的应用价值，指导现阶段幼儿教师的班级管理。

五、研究步骤

1.准备阶段：理论梳理，方案拟定

结合班级管理中存在的问题，从班级公约入手，抓住公约的制定和实施过程中的要点，查阅国内外相关文献，确立研究选题。

2.实施阶段：方案优化，研究推进

经头脑风暴，课题论证，再次优化方案，明确研究内容与实施重点。从制定公约、执行公约和优化公约三个方面提升班级公约价值。

3.总结阶段：经验梳理，成果撰写

梳理班级公约制定、实施过程中的方法策略，积累视频、案例资料，并通过不断的研讨、反思、跟进，撰写研究报告。

4.推广阶段：多元分享，全面辐射

通过教研活动把策略有效落实到各个班级，进行实践印证与完善，深入研究与探索。

梳理研究成果后，总结有实用价值的经验在各级层面进行展示与交流推广。

六、实践操作

（一）制定公约

1.头脑风暴拟方案

头脑风暴，捕捉要点：在班级公约制定中，要给予幼儿充分的表达权，增强幼儿在班级活动中的存在感，让幼儿能够感受到自己对班级问题的掌握感。透过幼儿的视角看到班级中的问题，以此判断幼儿在一日生活中的实际需求，教师则在幼儿自由的言论中捕捉关键点，帮助幼儿拓展。

分组讨论，梳理规则：幼儿之间的交流利于幼儿倾听、理解他人的想法，同时也能表达自己的观点。分组时可由幼儿自主商讨决定，在不断地思想碰撞中加深对问题的认识，教师要相信幼儿的能力，并帮助幼儿大致罗列出班级公约的框架。

集体交流，总结内容：集体的交流有利于幼儿进一步了解公约，然而幼儿缺乏提炼、总结的能力，教师可采取多种方式，将幼儿的观点、问题进行梳理、分类等，最后形成人人参与、人人赞同、人人遵守的班级公约。

2.集体讨论判要素

商讨分工，深入引导：班级公约的制定必须严谨全面，除内容外，幼儿需要商讨出班级公约执行过程中的分工，什么样的条件下可以去提醒、督促同伴，什么样的条件下可以对同伴进行告知和介入。教师要深入引导幼儿讨论出分工的原因，以及如何分工，分哪几类等。

解决违规，提炼方法：班级公约执行过程中难免存在违规的现象，当出现这样的情况时可以怎样来解决，将问题抛给幼儿，教师从幼儿的方法中去提炼和总结。

评判标准，帮助内化：幼儿不遵守公约的重要原因是对公约的标准模糊，对如何才算是遵守了公约还不清晰。教师必须在幼儿讨论、判定的基础上，确定公约执行的标准，并得到幼儿的一致认同，以此帮助幼儿理解公约及其标准。

3.多元表征促理解

绘画表征，材料支持：幼儿的图画表征是幼儿理解事物的一种手段，通过图画表征，可读出幼儿是否理解了班级公约中规则的内容。教师要做好材料的准备，为幼儿提供各种绘画表征的工具，让幼儿有更多的选择，用自己喜欢的方式来呈现。

语言表征，书面汇总：语言的交流表达也可以呈现幼儿对班级公约的理解，幼儿缺乏对是非的判断，班级公约为幼儿提供了判断是非的标准。但幼儿很少究其原因，即"我为什么要遵守""如果我不遵守会有什么结果"等，老师应促使幼儿思考并表达这些问题，帮助幼儿深入理解公约。教师需要为幼儿提供充分的平台进行讲述，可利用一日生活的各个环节，也可组织正式的交流活动等，同时可将幼儿的语言表征进行书面化汇总，可以是图画，也可以汇编成朗朗上口的儿歌，帮助幼儿记忆。

肢体表征，拍摄记录：幼儿的肢体动作丰富，教师可以引导幼儿通过表演、演示等将班级公约的内容可视化，便于其他幼儿观看之后理解和遵守，教师在幼儿肢体表征过程中应及时做好拍摄记录并保存。

（二）执行公约

1.争当小小宣传员

演讲宣传，启发思考：演讲即幼儿将班级公约的内容进行讲述式宣传，一方面讲述的幼儿条理清晰，再次理解公约，另一方面也帮助倾听的幼儿进一步内化。教师在幼儿演讲宣传后启发幼儿思考班级公约的内涵，在提问、追问等过程中加深幼儿的理解。

表演宣传，引导观察：多数幼儿喜欢肢体动作的展现，可引导幼儿将班级公约的内容进行表演展示，幼儿根据自己的兴趣和需求来进行展示宣传，教师引导其他幼儿观察，确认幼儿是否理解表演的内容，即是否理解公约。

辩论宣传，组织评判：幼儿较少接触辩论，但辩论的方式可引导幼儿在一次次的反驳中清晰班级公约的内容，教师在组织评判的时候要注意，辩论的最终目的不是比出输赢，而是将班级公约的内容通过语言的交流在幼儿心中得到内化。

2.设立公约管理员

角色分配，明确工作：制定班级公约时，幼儿已商讨出角色的分工，在执行过程中，幼儿仍需根据实际情况来进行角色分配，在所有人都遵守公约的前提下，谁负责提醒、谁负责监督等。在角色分配过程中，教师要再次帮助幼儿明确每项职责的具体内容，后期幼儿才能进行有效的工作。

监督维护，正向引导：中、大班的幼儿逐渐理解规则的意义并能遵守规则，对规则的敏感也会促使幼儿更灵敏地发现身边的问题。幼儿通过两两式、小组式抱团等方式互相监督、互相提醒彼此遵守公约。教师要做好正向引导工作，幼儿之间的提醒、监督是平等的，大家都是班级公约的遵守者和维护者。

心愿兑换，对比实现：实际的奖励制度对于幼儿遵守班级公约有着重要作用，但在实行心愿兑换制度之前，要帮助幼儿明确心愿兑换的规则和条件，怎么兑换、兑换什么等可由幼儿自主商量决定。幼儿对于遵守公约的记录，可作为兑换心愿的参照。教师引导幼儿依据事实来进行兑换，一方面促进幼儿遵守班级公约并及时记录，另一方面也不断强化幼儿遵守公约的行为。心愿的兑换不再是教师给予，而是幼儿通过对公约的遵守来获得，对幼儿的意义更大。

3.支持后期弥补者

及时善后，正面肯定：班级公约的存在促使幼儿遵守规则，但幼儿自控力较弱，难免会违反班级公约。前期制定公约时，幼儿也商讨了如何解决违规行为，如桌子未整理干净，那么幼儿及时收拾进行弥补，同时教师要及时给予正面肯定，避免幼儿产生心理压力。

说明原因，表达理解：在幼儿违反公约并弥补后，及时引导幼儿说出违反公约的原因，并表达对幼儿的理解，再进行遵守公约教育。

保证行动，强化规则：幼儿的保证也很重要，与幼儿深入对话，引导幼儿做出承诺，强化规则意识。

（三）优化公约

1.鼓励发现新问题

语言表达，引导表征：幼儿在发现问题时会最先进行语言告知，这是幼儿对规则敏感的体现，教师可引导幼儿对问题进行表征，为之后的讨论提供案例。

绘画记录，辐射集体：在养成及时表征的习惯后，幼儿会对班内发生的问题进行绘画记录。教师将幼儿记录的行为和内容辐射全班，引导幼儿发现问题。

主动介入，提供方式：部分幼儿对看到的问题会主动介入，直接告知同伴以及指导同伴应如何做等，要引导幼儿采用适宜的方式对同伴的行为进行介入，避免发生矛盾。

2.调整旧规则，形成新规则

交流现象，提炼问题：问题的收集依然需要进行集体的认识，即在儿童本位下进行二次会议。有了前期的基础和经验，在二次会议中，教师应充当观察者、倾听者、材料提供者以及为幼儿做一些信息整合、提炼和传递的工作，让幼儿感受到通过自己的发现能够引起大家的重视，增强个人参与意愿。

讨论解决，梳理方法：针对新出现的问题，幼儿展开进一步的讨论，新问题应如何解决，应制定怎样的班级公约，教师在幼儿讨论解决的过程中，帮助幼儿梳理制定的方法，便于之后遇到问题时幼儿可直接使用。

集体商议，组织调整：通过幼儿集体的讨论商议，教师组织调整，使班级公约完成从静态到动态的转变，在班级公约不断完善的过程中，让幼儿感受到班级公约存在的必要性，由于自身一直参与其中，也能让幼儿产生使命感。

3.实施新公约

自我遵守，升级奖励：幼儿在班级公约的制定和实施中不断内化，并主动遵守班级公约，约束自己的行为。教师可与幼儿进行商讨适当升级奖励，在物质奖励的基础上，增添精神奖励和活动奖励等，引发幼儿更积极的参与意愿。

提醒他人，助推管理：幼儿的行为会引发同伴的关注，教师要助推幼儿这样的行为，引导其参与到班级管理中。

相互评价，平台支持：当幼儿看到别人遵守或者不遵守班级公约时会对其产生一定的看法，通过语言、行为等方式指出自己或者同伴的情况，来进行相互的评价。教师要为幼儿提供评价的平台和方式，例如墙面展示评价、幼儿手册评价等，帮助幼儿进一步认识公约的重要性，以及自身遵守的程度和存在的问题。

七、研究成效

本次课题主要是为了通过班级公约的制定与实施，让幼儿自主发现、解决班级中存在的问题，发挥幼儿的主体作用，培养规则意识，同时，也不断鼓励幼儿随时发现问题，记录并解决问题，在动态调整中完善班级公约，让幼儿成为班级的主人。

在课题实施的过程中，教师跟随幼儿的需求和发展不断跟进、完善课题方案，对于幼儿规则意识的培养更具目标性和实践性，同时也有利于教师积累培养幼儿规则意识的有益经验，促进教师班级管理能力的提升。

浙江省海宁市实幼集团实验幼儿园　赵妍

基于自然资源的
幼儿科学探究能力提升的研究方案

一、研究背景

幼儿科学探究能力是影响幼儿科学探究活动的效率，是在幼儿不断探究和动手实践的过程中逐渐形成和发展起来的，是影响幼儿的科学探究活动能否顺利进行的个性心理特征。科学探究有助于幼儿更好地认识和解释客观世界。本研究"幼儿科学探究能力"主要指幼儿为获取知识经验、解决问题，通过使用一定的科学探究方法和步骤，对客观事物和现象进行探索、质疑和研究的能力。

自然课程资源是一座具有巨大发展潜力的课程资源库，它超越了教材和幼儿园内资源的范围。开发利用自然资源能使幼儿园教育内容中的主体部分得到更多的补充，并且可以完善课程结构、增加课程的选择性、促进课程与幼儿实际生活相联系。

自然资源贴近幼儿生活，符合幼儿思维的直观性和形象性，能够有效激发幼儿的探究兴趣、发展幼儿初步的探究能力、促进幼儿科学知识与技能的获得以及科学情感和态度的培养。

通过与幼儿园教师合作，展开将自然资源的开发利用到提升幼儿科学探究能力的行动研究，可以帮助幼儿园教师加深对开发利用自然资源提升幼儿科学探究能力重要性的理解，指导幼儿园教师学习、掌握开发利用自然资源的知识、技能，促进其专业成长，提升幼儿园教师的专业素质和研究水平。

二、研究目标

1. 了解自然资源现状，盘点与梳理自然资源内容，形成初步的幼儿园自然资源地图。

2. 探索自然资源开发与利用的基本路径。

3. 探索基于自然资源提升幼儿科学探究能力的策略。

4. 形成小、中、大班年龄段的自然资源开发利用的活动案例，建立幼儿园自然课程资源库。

5. 建构基于自然资源提升幼儿科学探究能力的评价细则。

三、研究内容

1.幼儿园自然资源现状调查，形成初步的幼儿园自然资源地图。

研究要点：调查幼儿园周边自然资源、盘点与梳理自然资源内容。

2.幼儿园自然资源开发利用的基本路径研究。

通过整合幼儿园主题活动、户外活动、区域活动、特色活动等多元形式，对接幼儿、《指南》、审议，有目的地挖掘可利用的自然资源，进一步探索自然资源开发利用的具体路径。

3.基于自然资源提升幼儿科学探究能力的策略研究。

研究要点：激发幼儿探究兴趣的研究、让幼儿掌握科学探究的过程和方法的研究、培养幼儿初步的探究能力的研究。

4.梳理小、中、大班年龄段的自然资源开发利用的活动案例，构建幼儿园自然课程资源库的研究。

5.基于自然资源提升幼儿科学探究能力的评价细则的研究。

研究要点：设计幼儿探究兴趣指标的研究、设计幼儿探究方法指标的研究、设计幼儿探究能力指标的研究。

四、研究方法

1.文献资料法：本课题在选题、设计方案和整个研究过程中，都将运用文献资料法，开展信息资料检索搜集与相关文献的分析研究，进行同类课题的比较研究，研究领域内的最新成果，为本课题的研究提供理论支撑与方向引领。

2.调查法：运用网络地图检索幼儿园周边的资源并梳理，在此基础上主动寻访、实地考察，了解幼儿园自然资源现状。

3.观察法：依据《指南》中科学领域的学习与发展目标，设计提纲，观察幼儿活动中的语言、行为，分析、了解幼儿的探究兴趣、探究方法和探究能力。

4.行动研究法：采用"预设方案—实施方案—反思—调整方案—再实施—再反思—调整完善"的教研流程，将经验总结、记录，形成文字。通过对影响幼儿科学探究能力的各因素的分析、评价，改进自然资源相关活动的设计方案。

五、研究步骤

（一）准备阶段

1.在全园教师中，以自主申报和择优而取的方式，组织成立课题研究小组，明确分工，落实研究任务。

2.课题组成员收集资料，组织分析、探讨，掌握课题研究的有关动态和信息资料。

3.制订研究计划，设计课题研究方案，明确研究方向、内容、方法。

（二）实施阶段

1.围绕相关政策文件与文献书籍进行理论知识的学习，通过自学、导学等方式了解课程资源开发和利用的基本路径，进一步对幼儿园自然资源进行开发利用。

2.调查研究，从宏观的角度来确定自然资源的范围和基本内容，充分调查当地的各类自然资源，盘点梳理，形成初步的自然资源课程地图。

3.通过将自然资源与幼儿园主题活动、户外活动、区域活动等整合，对接《指南》，有目的地挖掘可利用的自然资源，进一步探索自然资源开发利用的路径。

4.依据《指南》中科学领域的学习与发展目标，设计提纲，观察幼儿活动中的语言、行为，分析、了解幼儿的科学探究能力，进一步探索基于自然资源提升幼儿科学探究能力的策略。

5.运用文本记录、影像记录等方式，做好过程性资料的收集与整理，每学期期末召开课题研究经验交流会，分析、总结课题研究情况和各类经验成果，根据研究情况随时调整研究方案。

6.在研究过程中，逐步建立幼儿园自然资源课程资源库。

（三）总结阶段

1.整理所有课题研究资料。

2.对本课题研究的过程及资料进行系统分析，形成课题总结报告。

3.汇编专题论文集、活动案例集。

4.完成课题结题鉴定工作。

六、实践操作

1.明确自然资源开发与利用的基本路径

在本课题的研究中，我们以自然资源的开发与利用为基础来对幼儿进行科学探究能力的培养，所以，如何做好自然资源的开发与利用也就成为了本课题研究的第一步。因此，在研究的过程中，首先要明确自然资源开发与利用的路径，形成基本的思路，为幼儿科学探究能力的培养打好基础。我们按照"搜集自然资源—结合幼儿特点进行优化设计—明确培养主题—实践应用"的路径，来培养幼儿科学探究能力。这不仅是后续相关实践研究的基础，也可以丰富幼儿教育内容，与幼儿综合素养的提升有着密切的联系。

2.建立幼儿园自然课程的资源库

资源库的建立是为了给幼儿科学探究能力的培养提供丰富的素材和扎实的基础，在本研究的过程中我们按照"主题"的分类对自然资源进行相关的开发，并进行整理和总结，以此来形成培养幼儿科学探究能力的资源。比如：观察类的自然资源的开发、动手实践类的自然资源的开发等，通过这些资源的应用来锻炼和提高幼儿的科学探究能力。教师要在自然资源的开发与利用的基础上建立自然课程的资源库，并通过自然资源的挖掘从多角度培养幼儿的科学探究能力，进而，在形成科学探究意识的同时也为幼儿综合素养的全面提升打好基础，做好保障。

3.形成基于自然资源提升幼儿科学探究能力的策略

在形成了自然资源开发与利用的基本路径之后，我们逐渐建立起了有助于自然课程开展的资源库，以此来确保幼儿的科学探究能力得到培养和提高。当然，为了保障本课题研究价值的最大化实现，也为了全面培养幼儿的科学探究能力，我们也会形成基于自然资源提升幼儿科学探究能力的策略。具体的策略从以下几个方面进行落实和研究，比如：教师教学思想的转变策略、不同自然资源在提升幼儿科学探究能力培养中的应用策略、自然资源在区域化教学中提升幼儿科学探究能力的策略等，有助于幼儿教育质量的提升。

4.形成建构自然资源提升幼儿科学探究能力的评价细则

评价是各种教育活动中不可缺少的一部分，也是检验相关活动开展效果的有效方式。在本课题的研究中，我们逐步形成建构自然资源提升幼儿科学探究能力的评价细则，不仅推动了相关活动的开展，而且对保障研究价值的实现、对研究成果的推广都起着非常重要的作用。同时，我们也可以此来分析不同自然资源在培养幼儿科学探究能力中形成的策略，进而促使幼儿获得良好的发展。

七、研究成效

在本研究中，园长及业务园长具有极强的"科研先导"意识，十分重视教科研工作，非常支持课题的开展与实施。课题的核心组成员有较强的理论知识，在教育中积累了一定的经验，并能用年轻人的眼光去看待问题，将先进理念与自然资源碰撞出不一样的火花。在整个课题研究中，所有老师一起采取合作式的行动研究，保持相互"协作"与"支持"，形成"研究共同体"的关系，从而更显和谐与默契。

本课题创新之处，是将自然资源与主题活动整合。主题活动是以主题为载体的综合性教育活动，充分顾及幼儿多方面的发展，协助幼儿在认知、情感和身体各方面相互支持、共同发展。可以说，主题活动是课题研究的关键。我们将通过"资源检索—年级组计划—班本化方案修改—实践探索—反思总结—年级组反馈—交流分享—经验提升—形成文本—资料归档—局域网资源共享"的方法，层层把关，整合集体的经验和智慧，提升活动的有效性。

自然资源的开发利用，最大的特点是儿童教育空间的拓展，并由此衍生了儿童学习方式的自主性、学习内容的趣味性、儿童发展的全面性等特征。基于此，基于自然资源来培养幼儿科学探究能力，对于儿童身心的健全成长具有传统教育方式无法替代的价值。开发利用自然资源能够较好地帮助幼儿在亲近自然中培养探究兴趣；在亲身感知中获取知识经验；在动手实践中掌握探究方法；在解决问题中提升探究能力。

江苏省常州市新北区孟河实验幼儿园 吴玲宁

基于季节性主题课程的园内自然资源开发的研究方案

一、研究背景

《纲要》指出：环境是重要的教育资源，应通过环境的创设和利用，有效地促进幼儿的发展。《指南》科学领域指出：经常带幼儿接触大自然，激发其好奇心与探究欲望。资源是幼儿园课程实施的重要载体和基础条件，充分利用自然资源，不仅可以弥补幼儿园资金、资源的不足，还能丰富幼儿园的课程内容。

季节性主题课程，是发掘季节变化中丰富的资源而实施的教育活动。幼儿园内有着丰富的自然资源，然而很多资源往往停留在观赏阶段，并未开发其教育价值。对于幼儿来说，自然界有无穷的奥秘，会不断地激发他们探索的欲望。幼儿是在与外界环境的相互作用中，建构着他们对世界的认识。《指南》指出："教师要根据幼儿的兴趣、爱好、需要和发展水平，将周围的自然环境、社会环境、人文环境作为儿童发展的重要资源。"

怎样追随儿童的兴趣将园内的自然资源与幼儿的发展建立联系，从观察、计划、工作、反馈、调整、再工作中发展幼儿的能力，同时精准提升教师自身的敏锐性与专业性？通过本课题的研究与实践，初步构建班级课程资源体系，注重培养幼儿通过调查、观察、讨论、计划、操作、调整等方法提高发现问题、分析问题和解决问题的能力，丰富幼儿季节性主题课程的教育内容，为幼儿的探究与学习赋能。

二、研究目标

1.通过研究，盘点园内自然资源，生成园内资源地图，建立班级自然资源库，为幼儿提供丰富的探索材料。

2.通过研究，发掘和筛选有价值的自然资源，融入幼儿课程与游戏，提高季节性主题课程开展的质量，为幼儿的学习内容赋趣。

3.通过研究，扩展幼儿区域游戏空间和学习模式，丰富幼儿的多元认知，助力幼儿的发展需要。

4.通过研究，使教师能支持、引发和促进幼儿的学习活动，提高教师的课程意识及执行能力。

三、研究内容

1.盘点园内自然资源，构建班级自然资源地图。

走出教室，走近自然资源。根据幼儿的兴趣点，梳理幼儿的问题，并根据幼儿的兴趣需要，鼓励幼儿构建班级自然资源地图。

2.结合季节特点开展主题课程，收集整理，筛选自然资源。

通过带领幼儿"游览"园内风景，收集各类"资源"，并组织幼儿对其进行筛选、整理、分类、设计。

3.设置主题环创与问题专栏，集思广益，挖掘自然资源。

通过主题性环创设置，收集幼儿需要的材料，与幼儿对话，挖掘、构思；融合园内自然资源，鼓励幼儿大胆尝试，最大化开发和利用资源。

4.支持推进，碰撞"故事"，整合自然资源。

根据幼儿开展的季节性主题活动的实际需要，观察幼儿的需求与游戏故事，引发思考与讨论，鼓励幼儿大胆对资源库的材料进行简单加工、改造和整合，为之后的游戏丰富材料，为课程添材添彩。

5.行思并进,锁定资源,助力幼儿成长。

行动后有思考,思考后再行动,在行思并进下,让幼儿真正去自主探索,感受生命成长的有力脉动。教师及时反思,展开课程评价,为之后的课程延续审时度势。

四、研究方法

1.文献法:是指收集和分析研究各种现存的有关文献资料,从中选取信息,以达到某种调查研究目的的方法。本课题通过阅读各类专业书籍,了解如何引导幼儿自主探索园内自然元素的方法,让儿童亲近自然的节奏,以及各幼儿园探索自然资源开发与利用的案例等;通过理论学习,为季节性主题课程的实践研究提供理论支架。

2.观察研究法:是指研究者根据一定的研究目的、研究提纲或观察表,用自己的感官和辅助工具去直接观察被研究对象,从而获得资料的一种方法。本课题通过观察班级幼儿对季节性主题课程的兴趣与需要,以及幼儿在户外对自然资源进行自主探究的一系列行为表现,提出相应的指导策略。

3.经验总结法:是对教育实践活动中的具体情况或事例进行分析、概括,使之系统化、理论化的一种研究方法。本课题通过描述幼儿在季节性主题课程中对园内自然资源的教育事实,以及实践活动的过程和状况,梳理某一现象或变化产生的原因,总结自然资源现象与课程内容的联系与实践方法,为日后的相似课程积累审议素材。

4.访谈法:是指研究者根据研究目的,寻访被调查对象,通过谈话的方式了解被研究者对某个人、某件事情、某种行为或现象的看法和态度。本研究将通过寻访其他教师,依据自编的访谈提纲,了解其他教师对幼儿园自然资源的理解与实际利用情况;通过与幼儿的对话交流,了解幼儿在季节性主题课程中的兴趣与需要及其在自主探究时的具体过程。

5.问卷法：是将一系列事先设计好的问题组合起来，以书面形式征询被调查者的意见，通过对问题答案的回收、整理、分析，获取有关信息的研究方法。本研究将通过发放问卷星或问卷调查表，针对季节指向性强的植物资源进行调查，收集幼儿对植物资源在季节中的变化或特征进行经验梳理、归类和筛选，确定组织与开展集体化教学还是小组式交流。

6.头脑风暴法：这是一种充分发挥创造性思维能力的定性预测方法。本研究中，通过集体交流、小组分享交流的方式组织幼儿进行探讨，让幼儿在对话中自我解决问题或确定新思路。

五、研究步骤

1.为保障课题研究有组织、有计划、有措施、有成效地开展，本阶段将精心挑选课程意识强的老师作为课题组成员，共同收集、查阅文献资料，学习相关理论，保证研究工作有效开展。

2.研究制定基于季节性主题课程开发园内自然资源的实践方案。

3.盘点园内自然资源，制订创建班级自然资源库的研究计划和实施方案。

4.结合季节主题课程，梳理可利用资源的教育价值及实践方法，并对该主题下的自然资源、幼儿成长进行经验总结，为主题后期的研究方向进行反馈与调整。

5.结合季节主题课程，组织开展一节开放活动课。

6.撰写研究论文，筛选与整理与本课题相关的观察记录、课程故事、PPT汇报资料。

7.整理过程性材料，做出定性量分析，撰写课题结题报告。

六、实践操作

1.盘点园内自然资源，形成园所系统性自然资源库。

大自然赋予儿童取之不尽的天然材料，自然角中的一草一木、一土一石都可以成为激发儿童创作灵感的有用之材。一片叶子、一根树枝、一把细沙、一颗石子，是儿童认识、探索世界的凭借，也是他们进行操作和创造的好材料。不同的天然材料具有不同属性、质感，以及不同的肌理效果，能给儿童带来不同启示。我们有着丰富的自然资源，有不同种类的花草树木、小竹林、小菜园、小农场、沙池，还有独具特色的药草种植地。在这里，我们可以和幼儿一起收集周围环境中的天然材料：石头、树叶、蔬菜、瓜果……也可以和幼儿一起观察农场里小动物的成长，以及天气的变化等。我们按照植物资源、动物资源、水资源、气象资源及其他资源几个类别进行分工盘点，并按照年龄目标预设可能的教育活动进行梳理编制，形成系统性的园本自然资源库。

2.基于季节性主题课程挖掘与利用园内自然资源，生发课程故事，形成班级主题特色的自然资源包。

在《指南》的精神下，我们结合季节特征，大力挖掘与利用园内自然资源，为幼儿创设适宜的环境，支持幼儿在自然角、药草种植地、小菜园、小农场等环境下富有深度地学习与发展。为幼儿在与自然资源的互动中发现的问题和产生的兴趣，提供多元化的支持，鼓励幼儿大胆探索，尝试自己解决问题，真正落实幼儿自主学习、自主探索，生发属于儿童主体的课程故事。

3.利用自然资源，大力开展内容丰富、形式多样的季节性主题教育活动。

教育家陈鹤琴先生指出："大自然、大社会是我们的活动材料，运用天然材料开展教育活动，可以让幼儿获得真实的感受。"为此，要保证自然资源的开发与利用率高，教师的精心设计、活动指导，幼儿的兴趣需要，家长的支持配合显得尤为重要。在四季变化中，植物的生长、动物的成长、天气的变化及与生活的联系，是很好的主题。如何能够让幼儿在大胆探索自然资源的同时，感受季节的特征与变化，资源的选择与投入方式尤为重要。为了能够让课题双向生长，我们预开展各种各样的活动，比如通过播种、照料、观察、测量、收获、称重、品尝等体验，开展一些认知类的集体教学活动、与幼儿一起进行植物写生、亲子资源创作大赛（树叶粘贴画、树枝大变身）、天气记录、植物大作战（制作植物身份证、制作护树牌、开展植物大猜谜、观察不同季节植物的生长）……在多元化的活动中，让幼儿关注身边的自然资源，实现自然与儿童的亲近，避免自然教育成为参观和摆拍的临时道具。

4.基于课题、结合实际，挖掘自然资源走进幼儿生活的教育价值。

大自然如同一个小社会，向幼儿诉说着奇妙的世界，是幼儿认识世界的窗口。如何让大自然中的资源融入园本课程中，给幼儿以"活"的知识教育，让幼儿乐在自然、玩在自然，是本课题深入研究的价值所在。《指南》指出：幼儿科学学习的核心是激发探究欲望，培养幼儿探究能力。园内自然资源是幼儿园课程中的一种"隐性课程"，幼儿在宽松、和谐的环境气氛中自由地观察、操作、探究，可以获得对大自然一些初步的认知，体验劳动的愉快和珍惜劳动成果。我们着眼于幼儿一日生活中的基本生活、游戏生活、主题活动，引导幼儿探索周边自然环境之奥妙，把学习实践付诸行动。

七、研究成效

要践行园内自然资源的开发利用，季节是探索大自然奥秘的一把钥匙。透过该课题的研究，使得园内的自然资源走进了幼儿的一日生活活动，提升了幼儿开发与利用自然资源的创造能力。同时让教师提高了课程资源开发与利用的意识，也累积了季节性主题课程中园内自然资源开发与利用的教育策略。

我们按照不同资源分类梳理，明晰各类资源对应的关键经验；关于自然资源的开发与利用的相关理论，撰写读书笔记；通过季节性主题教育活动的开展，收集幼儿与自然资源互动的教育故事；关于本课题的论文、教学设计、观察案例，汇集成册。众多研究成果，不仅仅是经验的总结，也为他人留下可供参考的资料性学习材料，有助于教师专业能力的提升。

幼儿园自然资源的开发和利用是一个纵向的、需要长期进行的过程，幼儿可以亲近自然、观赏繁花、收集落叶、种植植物、养殖动物，感受时令的特点，探索季节的变换更迭。通过本课题的开展，于幼儿而言，其创造力在对自然材料的观察、思考、探索和尝试操作的过程中不断得到提升，幼儿的审美能力、社会情感也随之提高与拓展。而教师在盘点与梳理、开发与利用自然资源中，积累了宝贵的课程经验，提高了课程意识，并深刻认识到了自然资源对幼儿教育的隐性教育价值。

江苏省常州市新北区孟河实验幼儿园 陈一飞

在幼儿园自然角
开展问题式学习的研究方案

一、研究背景

陈鹤琴先生一贯主张让幼儿走向大自然，因为它是一本"活"的教科书，万事万物容纳于其中。而自然角是幼儿认识自然的一个窗口，教师可以根据季节丰富自然角的内容，根据自然界汇总春、夏、秋、冬四季的轮回变迁，根据幼儿不同的认知水平由浅入深选择适合的动植物来供幼儿观察、认识。

《指南》中提到：幼儿科学学习的核心是激发探究兴趣，体验探究过程，发展初步的探究能力，帮助幼儿不断积累经验，运用于新的学习活动，形成受益终身的学习态度和能力。自然角是大自然的一个缩影，是幼儿认识自然、探索自然的地方，是从周围环境中精心选取的区角，集中地、有目的、有层次地呈现在幼儿面前。问题式学习是以问题为导向的教学方法，可以促进幼儿不断地思考。本课题在自然角中以幼儿主动发现的问题为起点，在兴趣的支配下，通过观察、记录、探究以及有效合作等方式解决问题。

自然角是幼儿科学探究能力得到提高的很好载体，但在以往的自然角活动中幼儿常常受到教师主观意识的影响，被动地根据教师的指令进行观察和记录，由于幼儿的兴趣没有被调动起来，导致自然角得不到长期的关注和深入的探究。而以问题为导向的教学方法，则能很好地促进幼儿在自然角里主动探究、有效体验。我们还依托自然角，整合家庭、社会资源，让幼儿在动手动脑中主动探究，从中获得滋养生命成长经验的过程。

通过本课题的研究，我们尝试进一步激发幼儿在自然角的探究兴趣，从问题着手，调动幼儿学习的主动性和积极性，并不断在发现问题、寻找答案的过程中建构知识、认识周围的世界，鼓励他们对于未知的世界进行不断探索、验证。

二、研究目标

1.以自然角为切入点，创设问题情境，鼓励幼儿好奇好问，以问题为导向，充分发挥幼儿主体性，在操作中动手动脑，用科学的态度和方法寻找问题的答案。

2.通过自然角中问题式学习，培养幼儿发现问题、解决问题的能力，促进幼儿的全面发展。

3.探索幼儿在自然角问题式学习中采用的有效方法，进一步提高教师的自身素质以及教育教学的水平，提升教师的研究能力和创新意识。

4.促进幼儿对自我、对自然以及自我与自然关系的认识，激发幼儿热爱大自然的情感。

三、研究内容

1.对问题式学习中自然角环境创设的研究

自然角环境是开展本课题研究的基础，是促进幼儿观察感知、主动探究及顺利开展本课题研究的物质条件。课题研究要打破以往创设自然角的内容单调、千篇一律的现象，根据大、中、小班幼儿的知识经验及认知水平，尊重幼儿的意愿，选择适宜、有趣的内容。从有利于幼儿观察和探究的角度，选择种植的器具以及自然角的布局、摆放,从而科学合理地创设有利于幼儿观察和探究的自然角。

2.对问题式学习中幼儿自主学习能力发展的研究

根据幼儿不同的年龄特征,采取不同的措施和教育指导策略,积极创设问题情境,鼓励幼儿大胆提问,从兴趣入手,激发他们对自然角探究的兴趣和欲望。通过"提出问题—探究过程—寻找答案—交流评价"的路径,在探究中引发幼儿之间的合作,培养幼儿在学习过程中的主动性和积极性,提升幼儿自主学习能力的发展。

3.对问题式学习中教师支持策略的研究

问题式学习过程中,对教育者也提出了更高的要求。如教师的身份角色定位、有效的指导策略等,以及如何进一步提高教师的自身素质以及教育教学的水平,提升教师的研究能力和创新意识。幼儿发现问题、解决或解答问题是该课题研究的重要部分,我们将幼儿探究的情况用图文、照片、视频等方式记录呈现,汇编小、中、大班三个年龄段以自然角探究为主题的"自然角的故事集""微课程集",用以帮助教师了解幼儿发现问题、解决问题的方法和过程,更好地支持幼儿的探究活动。

四、研究方法

1.行动研究法:根据研究方案、计划,并通过观察、反思等了解研究现状,检验各个年龄段活动的实践价值与研究价值,不断调整研究策略、方向,以便适应不断变化的新情况。

2.个案研究法:研究具体的有利于探究的自然角创设、资源开发与幼儿科学探究能力发展之间的关系,以及幼儿对整个活动的评价交流等,建立个案跟踪分析记录。

3.观察记录法:通过预定观察任务、场景及问题,在幼儿自然状态下,有目的、有计划地对幼儿在参加活动时最真实、最典型、最一般的行为表现进行观察和记录,做好观察后的分析、总结及结果的呈现。

4.经验总结法：课题组对整个研究过程进行总结；实验教师从各自参与研究的子课题出发进行梳理、总结，撰写研究论文、研究报告。

五、研究步骤

（一）准备阶段

1.查阅课题相关书籍、资料，寻找课题的理论依据和同类研究的现状，努力收集与本课题相关的理论材料。

2.召开课题研究会议，讨论、论证课题方案的可行性，制定研究方案，明确研究思路，落实研究任务。

3.围绕课题展开调查活动，请课题组老师谈谈自己的经验和困惑。

4.组织课题组成员开展园本专题研讨活动。

5.撰写开题报告，研讨实施方案，组内成员撰写课题研究计划。

（二）实施阶段

1.分年龄段进行课题研究，课题组教师要充分借鉴他人的研究经验，在其基础上提出解决问题的办法。

2.在解决问题的过程中，因教师针对的对象可能存在个体差异，对于课题研究中教师提炼的方法，要在实践中不断尝试和锤炼。

3.将研究成果编写成报告和论文。

（三）总结阶段

1.验证课题研究成果是否有效，将解决问题的有效方法运用到实践中去，使幼儿各方面能力的发展得到显著提高。

2.对照课题方案进行全面总结，整理资料，分析反思，完成各项成果资料汇编工作，撰写结题报告，邀请专家论证。

3.推广研究成果。

六、实践操作

1.提出问题——创设适宜的问题环境促进有效提问

根据大、中、小班幼儿的年龄特征，创设有利于幼儿观察的、有明显变化或能引发幼儿认知冲突的自然角环境，从而引发幼儿的好奇和关注。适宜的环境、新奇特的刺激，能够激发幼儿主动提问。然后是对幼儿提出的问题进行价值判断，我们依据三个方面来进行判断和筛选：（1）是否与幼儿的实际生活相关——研究与幼儿的生活以及更大范围内的社会生活紧密相连。（2）是否与幼儿的兴趣相关——观察、研究幼儿感兴趣的事物，能激发其强烈的好奇心和探究欲望。（3）是否促进幼儿的发展——教师要用整体的、综合的观点来看待问题，而不是对应到某个学科领域，应该关注幼儿在活动中是否发展了自信心、主动性、责任心、自制力、意志力、专注力等。

2.思路探究——支持大胆的猜想和预设

当幼儿有了自己感兴趣的问题后，教师应充分支持幼儿对问题的答案或对事物发展的可能进行推测和假设。让幼儿逐渐形成猜想的习惯，或对进行的活动提出一个比较具体的行动方案，为下一步的问题解决打下基础。

3.寻找答案——在真实有效的体验和操作中提高探究能力

幼儿的探究活动是在直接感知、亲身体验、实际操作中进行的，在自然角探究过程中，教师要为幼儿的探究做好相应的准备，为他们提供适宜的物质条件和宽松的心理环境。探究形式应多样化，可以是个人、小组或亲子之间的探究，也可以是集体探究。在探究之前，教师要激发幼儿的好奇心，明确研究目的。然后针对不同类别的自然角探究活动，采用不同的指导方法。例如：观察发现类，指导幼儿有选择地进行观察，做好观察前的准备：要有观察的目的、对象和计划

（观察的过程、步骤、方法、策略、逻辑顺序）等。探究制作类，大胆支持幼儿的猜想和预设、制作和实验等。

4.交流评价——鼓励不同形式的表达和交流，分享探究成果

实验报告（结合图画）、视频、录音等都可以成为交流的形式，教师为幼儿创设一个分享的平台，鼓励幼儿运用自己喜欢的方式来表达探究的过程、结果和体验感受，使得幼儿经历一个讨论交流—质疑释疑—共同分享的过程，以此开阔幼儿眼界，学习他人经验，促进幼儿向更高层次发展。

七、研究成效

丰富多彩的自然角是大自然的缩影，里面的动植物具有生命力，它们生长发展的过程，具备特定的教育功能，幼儿们在种植、喂养、采摘等体验活动中，观察、照顾动植物，激发好奇心和求知欲，培养其对周围事物、现象的兴趣以及动手动脑、探究问题、观察事物等方面的能力，萌发幼儿爱护动植物、亲近自然的情感。这样一来，激发了幼儿的学习兴趣，丰富了幼儿的学习经历，改变了幼儿习得经验和丰富知识的方式。

为了能更顺利地在幼儿园自然角教育中开展问题式学习，本课题研究，首先，以实地调研为基础，观察和了解幼儿在自然角活动中的现状；其次，从实地调研中得出客观结论，分析存在的问题，探究其深层次的原因；再次，本课题中幼儿提出问题是很关键的一步，但由于研究对象年龄较小，常常会受到自身能力限制，在实施过程中会有一定的局限性，因此根据幼儿的身心发展规律，本课题中的问题式学习分两步走：一个是以幼儿个体寻找问题答案为主，另一个是以同伴合作或团队协作的方式来寻找答案；复次，通过案例交流，将大量存在的客观实际不断升华，提出可行的对策；最后，将这些对策和策略在实际的教育过程中应用，并不断完善。

在研究过程中，幼儿不再是自然角物品的提供者和欣赏者，而是自然角的创设者，更是进行自主探索、自主实践的小主人。在自然角解答问题的过程，更加强调幼儿的自主学习，自主建构知识的意义，强调同伴间的协作学习。引导幼儿提问，围绕问题开展研究，寻找解决问题的答案，这种主动学习的方式使得自然角里充满生机和活力。

通过本课题的研究，教师把目光更多地关注在幼儿的身上，拓展生活视角以挖掘自然角的价值，给予幼儿充满情感、富有思考、感受多重的真实体验，提升幼儿各方面的能力，使幼儿在亲近、热爱自然的过程中，拥有与自然和谐相处的生存智慧。

江苏省张家港市机关幼儿园　陈银

大班户外自主游戏
深度学习策略的研究方案

一、研究背景

《指南》明确指出："幼儿的学习是以直接经验为基础，在游戏和日常生活中进行的。要珍视游戏和生活的独特价值，创设丰富的教育环境，合理安排一日生活，最大限度地支持和满足幼儿通过直接感知、实际操作和亲身体验获取经验的需要……"户外游戏具备幼儿自主选择材料、伙伴、自主开展游戏的特质，我们试图通过环境来促进幼儿积极参与有意义的游戏，关注幼儿在户外游戏中的真实经历和表现，促进幼儿往更高水平发展。

剖析实践，发现户外自主游戏与幼儿之间的互动存在着以下现状：

1.游戏浮于表面，幼儿经验零碎

在户外自主游戏现场，我们常看到一些"放羊式""超自主"游戏的发生，教师虽然提供了充裕的时间、材料等方面的支持，但幼儿往往因缺乏经验、缺乏问题意识等错失自主探索与发展的机会，致使游戏停留在浅层摆弄阶段，造成了经验零碎，游戏浮于表面的现象时常发生。

2.游戏内容重复，幼儿思维固化

在户外自主游戏时发现，幼儿的游戏内容重复，幼儿的兴趣慢慢减弱，例如玩攀爬区游戏时，幼儿经过多次攀爬后，出现不想玩的情况。幼儿们看似在游戏，其实缺少沟通和表达，也缺少对材料的创新运用和对攀爬技巧的学习和思考。幼儿与同伴间探讨交流"为什么""怎么办"的时刻少之又少，缺乏对问题追问而引发的探究意识和行为，幼儿思维固化。

3.游戏评价单一，幼儿发展缺乏

游戏后评价环节较单一，幼幼互动的评价机会较少，分享倾听他人游戏故事的机会有，但幼儿缺乏将原有情境中的认知经验关联同化或顺应迁移至新游戏中解决问题的意识，这就导致了幼儿的游戏经验只限于当前游戏的情境，没有起到对认知思维结构化的拓展与辐射。

针对以上问题，我们查阅了国内外的相关资料，希望借助本研究来提升大班幼儿户外游戏深度学习的价值，同时也提高教师的户外游戏支持水平，促进教师和幼儿在游戏中的共同成长和进步。

二、研究目标

1.在一定的问题情境下，以问题为导向，提升幼儿的解决问题能力，促进幼儿高阶思维的发展，提升幼儿自主学习意识。

2.通过研究对策，鼓励幼儿在新情境中通过交流和互动进行经验联结、知识迁移、问题解决，从而体验成功，获得发展。

3.通过"观察聆听，隐层学习""游戏增力，浅层学习""分享扩展，深层学习"的支持策略，探究游戏各阶段动态发展过程中的主动学习和解决问题的能力，助推幼儿户外游戏中的深度学习。

三、研究内容

1.大班户外自主游戏深度学习的价值研究

在户外自主游戏的新理念下，进行相关户外游戏深度学习的文献资料和实践经验的地毯式收集，深入挖掘大班户外自主游戏深度学习的价值,为实践做好相应的支持。

2.基于真实游戏情景深度思维的拓展研究

每位幼儿有不同的个体差异和独特的最近发展区,在户外自主游戏中会有新情境、新互动。关注幼儿的新经验生成,创设适宜幼儿发展的真实游戏情景,鼓励幼儿进行经验迁移,遇到问题时鼓励幼儿想办法解决,进行深度思维的拓展表征,引导幼儿往更高水平发展。

3.大班户外自主游戏深度学习的策略研究

研究适宜的户外游戏内容、形式,探索"观察聆听,隐层学习""游戏增力,浅层学习""分享扩展,深层学习"的支持策略在大班户外游戏中的实效。

四、研究方法

1.观察法:对幼儿户外自主游戏过程和游戏状态的观察,反思"观察聆听,隐层学习""游戏增力,浅层学习""分享扩展,深层学习"的支持策略的有效运用,并且进行不断调整和优化。

2.调查法:根据研究目标,通过研究前和研究后对教师的问卷调查,比较研究成果,进一步了解园内外可利用的资源,包括户外游戏场地、材料、空间、时间等助推游戏发展。

3.文献法:查阅国内外同类课题的研究动态,借鉴已有的研究成果和经验教训,找到新的研究生长点,为本课题研究提供方法和理论依据。

4.经验总结法:通过教研活动、课程研究小组的研讨活动,梳理可行的户外游戏活动方案,归纳总结;通过专题案例分析、科研论文等形式,梳理总结课题实施的策略,以游戏评价等方式获取游戏实施的效果,以便在日后实施。

五、研究步骤

（一）准备酝酿阶段

1.前期理论准备：学习相关"户外游戏"和"深度学习"的相关书籍和期刊，通过网络、书籍和教学实践等途径了解大班幼儿户外游戏的现状。

2.前期实践准备：在本课题研究方案确定之前，教师对幼儿的户外环境和游戏能力进行调查和分析，并建构户外自主游戏深度学习的框架结构，为本课题的研究奠定基础。

3.成立课题研究组，组织课题组成员开题论证，达成对本课题研究价值的共识，并协同详细制定课题实施计划表，明确分工。

4.发放《大班户外游戏实践调查表》，了解目前教师的户外游戏经验，及幼儿园大班户外游戏实施中存在的问题和教师对于户外游戏的优化建议。

（二）开展研究阶段

1.课题启动阶段，结合深入思考，修改实施方案，完善研究手段与策略，并进行适当调整。

2.基于课题总框架，循序渐进地实施大班户外自主游戏深度学习的策略，关注在实施过程中的资料收集，做好每月的课题组交流工作，在不断地交流和教研的过程中，优化和调整策略，助推大班幼儿户外自主游戏的广度和深度。

3.结合户外自主游戏研究以来的开展情况，进行阶段性思考，做好第二阶段的开展计划，不断积累材料，及时进行阶段性小结与反思。

4.与课题组成员交流和反思，积累课题实施过程中遇到的问题，对问题进行反复思考，在实践中寻找解决问题的方法。结合专家、园领导的意见和建议，进一步优化和完善课题方案，做好过程性资料的整理和收集，为结题工作做好充足的准备。

（三）结题总结阶段

1.整理各种资料，筛选和归类，在已有经验的基础上，进一步总结和提炼，整理成果，撰写结题研究报告。

2.整理与课题相关的户外游戏案例、表单数据、论文等，做好总结和装订工作，为优秀课题成果的申报做好准备。

六、实践操作

（一）"观察聆听，隐层学习"策略

"观察聆听，隐层学习"策略，在户外自主游戏初始阶段，我们需要有一双会发现的眼睛，同时要善于聆听儿童的真实声音，及时发现幼儿感兴趣的游戏内容，为幼儿的深度学习做好铺垫。同时在游戏中也要及时关注幼儿遇到的问题，引导他们自主寻找答案，锻炼解决问题的能力，激发幼儿的好奇心和参与性，提升游戏力。

《指南》指出，"重视幼儿的学习品质，要充分尊重和保护幼儿的好奇心和学习兴趣，帮助幼儿逐步养成积极主动、认真专注、不怕困难、敢于探究和尝试、乐于想象和创造等良好学习品质"，我们设计了观察表和计划单，观察表分为准备表、兴趣表、问题表；计划单对应分为记录单、梳理单、提炼单。

1.准备表，记录单

在户外游戏开始前，我们的准备表就发挥了较好的运用价值，幼儿作为游戏的主人，可以提前进行户外游戏的准备活动，可以自主性地进行准备活动的前书写，把需要的材料、工具、服装、场地安排、人员分配进行记录，为幼儿的户外自主游戏做好隐层支持。

记录单的作用则是帮助幼儿对准备环节的矫正记录，如所做准备是否合理、是否需要调整、是否需要补足等。

2.兴趣表，梳理单

《纲要》提到："善于发现幼儿感兴趣的事物、游戏和偶发事件中

隐含的教育价值，把握时机，积极引导。"因此，我们在日常活动中，要以幼儿兴趣为导向，捕捉有价值的游戏主题。在户外游戏中，兴趣表的投入就是一个很好的载体，我们可以运用兴趣表进行记录、分析，遵循幼儿的兴趣点开展游戏。

梳理单主要记录幼儿在户外自主游戏中的一个兴趣频率，可以弹性地进行调整和优化。

3.问题表，提炼单

问题表主要记录幼儿自主游戏中的一些真实的、自然而然发生的问题，比如在平衡索道区游戏中的人员分配问题、材料较少问题、挑战难度较大等问题，幼儿均可以自主记录。

提炼单对应问题的解决要点的记录，比如针对平衡索道区对应的问题，幼儿可以和同伴进行经验梳理和提炼，共性经验分享给个性经验，拉升高一度的"最近发展区"。

通过"观察聆听，隐层学习"策略，幼儿隐层学习基本达成，为深度学习做好前期铺垫。

（二）"游戏增力，浅层学习"策略

"游戏增力，浅层学习"策略，在户外自主游戏中创设一个幼儿喜爱的、感兴趣的环境。在环境的创设中，不再是教师主位的选择，应该是幼儿是环境的主人，而材料则是环境的催化剂，在多元化的材料中，幼儿畅游其中，感受游戏带来的乐趣。针对材料的合理利用与管理，我们设计了各种各样的材料表以及与之对应的游戏单，材料表分为删选表、组合表、创新表；对应的游戏单分为整理单、互动单、增力单。

1.删选表，整理单

删选表的主要作用是"删"和"选"，在户外自主游戏的材料中，多元化的材料为游戏的开展做好了基础支架，但是这些材料都是幼儿喜欢的吗？有些看似精美的游戏材料在游戏中是幼儿需要的吗？所以，"删"与"选"就显得十分重要。幼儿可以和同伴进行商量，利

用删选表进行记录，选择自己在游戏中需要的、感兴趣的材料进行删选记录。

整理单的作用就是为删选后的游戏材料做整理表征，幼儿可以自主选择合适的、有价值的材料进行自主游戏。

2.组合表，互动单

基于幼儿需求和兴趣，才能有效激发幼儿对户外游戏的积极性。在材料投放初期，我们会把各种游戏材料进行单独投放和分类，组合表的使用能够有效缓解材料单一的问题。幼儿可以进行组合表的讨论和表征，比如在小滑梯上投放一些障碍物，如沙包、易拉罐等，进行小滑梯和障碍物的组合时，幼儿通过对不同材料的组合，可以充分发挥材料的交互作用。

互动单则辅助组合表记录幼儿与材料的组合互动故事，促进幼儿在游戏中与材料及同伴间的双向互动。

3.创新表，增力单

创新表的主要作用是进行材料的创新，每位幼儿都是天生的艺术家，在进行创新表记录时，也是幼儿脑力激荡的时刻，在思考、讨论的过程中学习品质不断提升。

增力单是幼儿玩的时候或者玩到一半或者结束的时候新想出来的创新玩法，可以进行增力单的表征，给创新表起助力作用，进一步提升幼儿的创造力。

基于"游戏增力，浅层学习"策略，幼儿自主游戏深度学习基本框架已经形成，为幼儿户外自主游戏的深度学习发展奠定良好的基础。

（三）"分享扩展，深层学习"策略

"分享扩展，深层学习"策略，旨在通过户外自主游戏，进一步点燃幼儿的学习潜能。游戏分享是教师了解幼儿的窗口，对幼儿来说也是一个经验分享的过程。幼儿选择的游戏材料不同，经历的"游戏故事"也必然不同，因此获得的具体经验也是有差异的。我们设计了

评价表和分享单，评价表分为回顾表、优化表、经验表；对应的分享单分为交流单、展示单、成果单。

1.回顾表，交流单

回顾表在户外自主游戏中主要的作用是回头看，幼儿在游戏结束后把自己在游戏中的游戏故事进行表征绘画，进行主页的回顾，或连环形式的回顾。

交流单是在回顾表完成后，幼儿进行自我评价的交流记录或者同伴互评等形式的交流记录，以此拓宽幼儿的眼界，积累丰富的经验。

2.优化表，展示单

在户外游戏中，幼儿的游戏和评价会遇到各种问题，优化表的记录可以促进幼儿把想到的解决问题的方法逐渐优化，寻找到最优解。

展示单就是进行梳理小结后，同伴之间相互展示、学习，通过这个过程，幼儿可以获得经验能力的多重提升。

3.经验表，成果单

在一次次的游戏和解决问题的过程中、材料的组合创新运用中，幼儿的游戏经验和游戏评价方式日益丰富，经验表可以让幼儿进行经验评价的总结性梳理。

成果单则记录幼儿在游戏中的作品成果，体验成功感，树立自信心。

七、研究成效

本课题的创新之处，在于较为具体地支持幼儿在户外游戏时，在观察、聚焦、评价的三个过程中去思考和行动，有效地去支持幼儿更好地开展户外游戏，感受自主游戏的乐趣，进一步提升幼儿的学习品质。

1.通过本课题的实践研究，能提炼出幼儿在户外自主游戏中基于真实游戏情境，对游戏中问题的发现与思考，尝试多种有效方法和途径自主解决户外自主游戏中的问题,提升幼儿解决实际问题的能力。

2.形成一套行之有效的户外自主游戏深度学习支持策略,提供科学有效的材料支撑。

3.通过本课题的实践研究,提升教师户外自主游戏的观察力和指导力,进一步助推幼儿的户外自主游戏水平。

浙江省海宁市许村镇中心幼儿园 沈琳燕

自主游戏分享
支持幼儿深度学习的研究方案

一、研究背景

《指南》指出:"幼儿的学习是以直接经验为基础,在游戏和日常生活中进行。要珍视游戏和生活的独特价值,创设丰富的教育环境,合理安排一日生活,最大限度地支持和满足幼儿通过直接感知、实际操作和亲身体验获取经验的需要。"游戏是幼儿最感兴趣的活动,也是幼儿学习的基本方式。幼儿可以在游戏中感受周围世界,获得知识技能,而户外自主游戏后组织有效的、有质量的分享活动,有助于推动幼儿的深度学习,促进儿童发展。在分享活动中,幼儿不断地发现问题、讨论问题、解决问题,这种以解决问题为目标,积极主动地、批判地学习新知识的方法正是幼儿的深度学习。

然而,在游戏分享中教师支持幼儿深度学习存在各种各样的问题。

游戏分享环节,常常会出现这样的情况,教师根据游戏过程中观察到的某一现象、情况心中早已有所预判与抉择,但对于幼儿对游戏感兴趣的话题是什么?最想聊的是什么?教师没有给予关注。

组织游戏分享时常常会出现"广撒网,止于此"的现象,在一个游戏分享中,教师会与幼儿讨论多个话题,但是每个话题都是蜻蜓点水,使幼儿的讨论都处于浅层面上的讨论,不能引发幼儿深入的思考与探讨。

　　游戏分享结束后，教师往往就按下了停止键，没有持续的跟进、观察，教师做的只是简单地将幼儿的游戏故事进行张贴呈现，游戏分享后存在持续探究的价值。

　　深度学习的主要特点是理解与批判、联系与建构、迁移与运用。幼儿在自主游戏后，通过想想、画画、说说等多元的方法回顾自己的游戏过程，让自己的游戏更加直观地呈现；通过游戏分享支持幼儿利用已有经验发现问题，通过经验的联系与建构交流问题的解决方法，从而生成新的经验，并将新经验在下一次游戏中迁移运用，甚至生发新的游戏行为，达到从游戏中来回到游戏中去，真正支持幼儿的深度学习。

　　游戏分享活动都是基于教师在游戏中的观察、一对一游戏故事分享中，捕捉有价值的点。通过适宜、合理的分享方法，运用有效的追问、回应、互动来促进幼儿的深度学习。

　　本研究基于自主游戏分享前对游戏的观察，捕捉有价值的点；通过组织游戏分享进行集体或小组的交流与分享，帮助幼儿反思、梳理、概括和提升游戏经验；在游戏分享后支持幼儿持续探究，生成新的支持活动，采用适宜的方式呈现"游戏故事"，从而支持幼儿进行深度学习。

二、研究目标

　　1.通过教师在游戏过程中多元的观察，捕捉可引发幼儿深度学习的价值点。

　　2.进一步明晰游戏分享活动的定位，探索游戏分享中多元形式的分享与交流内容，促进幼儿深度学习。

　　3.通过游戏分享，助推教师深入挖掘游戏前、中、后支持幼儿深度学习的价值点，并能静下心来，观察幼儿、了解幼儿的所思所想，支持幼儿深度学习。

三、研究内容

1. 自主游戏分享支持幼儿深度学习的现状分析。

通过调研、分析，了解幼儿园中当前自主游戏分享的现状，进行梳理，作为课题实践研究的依据。

2. 自主游戏分享支持幼儿深度学习价值的文献研究。

在深度学习理论的指引下，检索国内外有关深度学习的文献资料，进行深入学习并内化，挖掘和丰盈自主游戏分享的价值，为课题实践研究作理论支撑。

3. 自主游戏分享前、中、后支持幼儿深度学习策略的研究。

以深度学习理论为依据，从游戏分享前、分享中、分享后，探索和积累自主游戏分享中支持幼儿深度学习的可行性实践经验。在此基础上作理论提炼，逐渐形成有效的支持性策略，做好理论与策略的验证，以便更好地提升幼儿在游戏分享中的深度学习。

四、研究方法

1. 文献研究法：查阅和收集国内外相关文献资料，学习游戏分享、深度学习教育理论及同类课题研究成果，结合大量相关文献、资料和理论学习，为课题研究提供科学依据。

2. 调查研究法：借助多种途径和方式，调查、了解当前幼儿园自主游戏分享中支持幼儿深度学习的现状，并进行梳理、分析。

3. 观察法：开展自主游戏现场观摩，观察教师在游戏分享前、分享中、分享后支持幼儿深度学习的方法、策略，并用视频等方法记录。

4. 案例分析法：依托游戏分享现场开展分析、研讨、反思等研究，并梳理、提炼游戏分享中能够支持幼儿深度学习的策略与方法，

145

在不断地实践、反思中梳理提炼出能够支持幼儿深度学习的策略。

5.经验总结法：收集、整理课题研究过程中形成的资料，分析、总结研究中积累的支持幼儿深度学习的方法、策略，使之成为具有一定运用价值的实操性经验。

五、研究步骤

（一）准备阶段

1.进行选题论证，设计研究实施方案，完成课题申报立项工作。

2.查阅文献资料、收集相关研究的成果信息，为课题研究做前期准备。

3.组成课题组，明确分工职责。

4.健全学习交流制度，学习有关文献资料，进行前期学习和培训。

（二）实施阶段

1.在实践和学习的基础上，借助课题组的力量，继续优化和完善课题研究方案。

2.根据课题组成员提出的意见与建议，以及课题研究目标，制订每学期研究计划，有计划地分阶段进行研究。

3.梳理园所内自主游戏分享的现状以及实施、使用的方法策略。

4.开展游戏分享中支持幼儿深度学习的策略方法的研究。

5.做好课题研究的资料归类、整理工作，形成阶段性课题研究报告。

（三）课题鉴定阶段

1.对课题研究过程中取得的经验进行梳理和总结，完成课题研究结题报告的撰写。

2.收集、整理游戏分享视频、文字实录、梳理提炼策略等，进行游戏分享案例的汇编。

3.整理课题研究中教师撰写的相关经验总结、优秀案例分析和论文。

4.请专家对课题研究的成果进行鉴定。

六、实践操作

(一)"分享前"多方助力：支持深度学习

1.观察游戏，捕捉价值点

要发挥游戏分享对幼儿深度学习的价值，教师对幼儿游戏情况的观察就显得尤为重要。因为只有基于教师对幼儿的游戏情况进行细致、跟踪式的观察，才能捕捉到可引发幼儿深度学习的价值点，从而在游戏分享中根据幼儿的需求进行有针对性的分享、交流，促进幼儿深度学习。

(1) 善捕"冲突点"

在游戏过程中，幼儿往往会产生一定的"冲突点"，而这里的冲突点是指幼儿在游戏过程中对材料、现象等产生一定认知上的差异而产生的矛盾点。然而，正是这矛盾点，才能激发幼儿主动建构知识经验，活跃思维。抓住这样的契机，让幼儿在游戏后的分享中围绕这一矛盾冲突点进行交流、讨论，从而形成新旧知识的碰撞，产生深度学习。

因此教师需要耐心观察，仔细分析，敏锐捕捉，结合幼儿的兴趣，把"冲突点"作为游戏分享的内容，促进幼儿深度学习。

(2) 善捕"困惑点"

在游戏过程中，往往会出现一些让幼儿感到出乎意料或令人难以理解的现象、行为等，从而出现"疑惑点"。这样的疑惑点正是让幼儿产生共鸣、能引发幼儿深度交流讨论的话题，透过个体和集体的共话，可以把幼儿个人的、零散的感受、体验和经历转化为知识经验。

因此教师在整个游戏观察过程中，要捕捉幼儿在游戏过程中的

"疑惑点",但也应当考虑幼儿的个体差异,细致地观察、探寻幼儿行为背后的原因。

2.记录故事,捕捉兴趣点

(1)多形式记录

《指南》中提到:要鼓励幼儿将自己的想法通过符号、图画等方式进行记录,并在游戏结束后进行分享、交流和总结,而游戏故事就非常适宜幼儿在游戏结束后记录自己的所思所想。方式一:用涂鸦的方式记录,这种记录方式更适于小班的幼儿;方式二:用图画的方式记录,图画记录的方式有利于幼儿更加清楚地用画面表现自己的游戏过程,包括遇到的问题、解决方法等,不仅适宜幼儿操作,同时也便于与教师、同伴分享、交流。

(2)与计划对比

积木游戏、螺母游戏等自主游戏,教师都会鼓励幼儿在游戏前与同伴一起制订游戏计划,计划包括游戏内容、同伴分工等,在制订计划的过程中,幼儿大胆的设想有利于促进其游戏水平的不断提升。制订游戏计划后,可引导幼儿在游戏后将记录的游戏故事与制订的计划做对比,这样更有利于帮助幼儿迁移已有经验,从而调整自己的游戏行为,引发深度思考。

(二)"分享时"包罗万象:支持深度学习

1.分享形式,百花齐放

(1)"你说我听"式分享

记录游戏故事后,幼儿会将自己的游戏故事用叙述性的语言跟教师分享,教师则用文字在游戏故事空白处记录。但是在记录过程中,根据幼儿的个体差异,教师会用一定追问、鼓励等语言,引导幼儿尽量将自己的游戏故事讲述得更加清楚、完整。

(2)"你来我往"式分享

教师通过组织幼儿进行交流与分享,帮助幼儿反思、梳理、概括和提升游戏经验。在集体分享的过程中,围绕幼儿感兴趣的话题进行交流讨论，师幼间、幼幼间进行观点碰撞，互相启发、思考，使幼儿结合自己的游戏经验丰富认知、开拓思维，也有利于激发幼儿对新事物的探究兴趣，以此促进深度学习。

(3)"你说我辩"式分享

辩论的游戏分享模式，就是在游戏分享中，当遇到一定的认知冲突点、行为疑惑点时进行的争辩式分享模式，幼儿根据自己的想法分成两队，各持己见，表达自己的观点，引发深度学习。

2.分享内容，有的放矢

(1)"幼"来兴趣

幼儿在自主游戏过程中，选择什么材料、玩什么游戏，都是由幼儿决定的，这样更能引发幼儿的共鸣。所以要根据幼儿的兴趣点进行深入的探讨、交流，从而引发深度学习。

(2)"幼"来材料

不管是什么自主游戏，幼儿与材料的互动是必然的，在与材料的互动过程中幼儿会或多或少有自己的发现或遇到的问题，由于幼儿对材料熟悉，更能将话题讨论的内容转化为大家感兴趣的话题，引发幼儿深度学习。教师需要关注的是，通过追问、多形式的提问引发幼儿对造成问题的原因进行思辨，这也是深度学习。

(三)"分享后"源源不绝：支持深度学习

游戏分享活动结束后，应让幼儿延伸分享的成果，让幼儿带着对此次游戏分享的成果投入到下一次的游戏中去，才能充分发挥游戏分享梳理经验、提升探究能力的作用。

1.非结束，深探究

游戏分享过程中围绕幼儿感兴趣的话题交流讨论后，幼儿探究的兴趣不会因为游戏分享的结束而结束，引导幼儿就游戏分享中探讨的话题进行持续的深入探究，才能引发深度学习。如在下一次游戏时教师可关注幼儿是否在游戏中持续地探究，可关注其游戏行为，引发再一次的分享。幼儿通过这样再一次思考、再一次实践后助推游戏行为，发挥了游戏分享提升探究能力的作用。

2. 新开始，成活动

游戏分享过程中的某些话题，在分享结束后未能完全解决，可生成集体教学活动，帮助幼儿解决共同遇到的问题，进一步梳理并提升幼儿的认知经验，提高解决问题的能力。

七、研究成效

游戏是幼儿自主的活动，应尽量体现幼儿的主体地位。课题研究中，教师应摒弃"通过游戏分享丰富幼儿的游戏经验"的观念，明确游戏分享的主体是幼儿。明确观察的重要性，并且观察呈现个性化，可以通过定点、定组等方式进行观察。同时基于观察，开展游戏分享，在游戏分享时创设宽松的语言环境，让幼儿想说、敢说，引发幼儿深度学习。

在游戏分享中，幼儿与教师的一对一互动交流、与同伴的交流、与集体的思辨性交流等，使幼儿的语言表达、高阶思维的发展以及问题解决能力都有不同程度的发展。而教师通过一系列的指导，也使自己的专业能力得到了很大的提升。

浙江省海宁市实验幼儿园教育集团实验幼儿园　张敏丽

民间美术教育
促进幼儿审美能力发展的研究方案

一、研究背景

我国民间美术有着悠久的文化传统，具有鲜明的个性，创作形式不拘一格。对幼儿进行民间美术教育不仅能有效提高幼儿的美术鉴赏能力，激发幼儿学习美术的兴趣，还能有效激发幼儿的民族自豪感，有利于我国民间美术的传承与发展。

本研究在整理已有研究成果的基础上，深入分析幼儿园民间美术教育对幼儿审美能力的影响，探索较为有效的幼儿园民间美术教育的出路，这不仅有助于帮助幼儿教师更新民间美术教育理念，还有利于帮助幼儿提高审美能力发展，从而为幼儿园有效地开展民间美术教育提供适当的理论支撑。本研究注重从民间美术教育开展的组织形式、选取内容等角度为教师提供可行性建议，从而帮助教师运用科学的方式引导幼儿欣赏民间美术，为幼儿制造融洽和睦的民间美术欣赏氛围，进而改善幼儿审美能力提高的过程，在弘扬传统民族文化的同时为幼儿园美术教育注入新的血液。

二、研究目标

1.使幼儿感受到我国民族文化的内涵，进而能够有效提高幼儿的民族意识，提高其民族自豪感。

2.使幼儿初步了解民间美术的风格以及内容，在很大程度上扩大了幼儿艺术修养的视野。

3.使幼儿对民间艺术产生兴趣，提高幼儿对民族文化的鉴赏能力。

4.为幼儿提供丰富的想象和创造空间，有效培养幼儿的创造性。

5.通过多种途径开展民间美术教育，提高教师的专业能力。

三、研究内容

1.美术教育对幼儿审美感知能力的影响研究。
2.美术教育对幼儿审美理解能力的影响研究。
3.美术教育对幼儿审美创造能力的影响研究。

四、研究方法

1.文献法：为了更好地达到调查研究的目标，梳理和分析研究多种已有的文献材料并从中获取所需信息。本研究搜集有关"民间美术""幼儿园民间美术教育""幼儿园美术教育影响"等方面的书籍、报刊论文及其他网络资料等。了解目前相关研究的现状，并对幼儿园民间美术教育现状进行梳理，提高幼儿审美能力培养策略研究。

2.观察法：观察法是指研究者根据一定的研究目的、研究提纲或观察表，用自己的感官和辅助工具去直接观察被研究对象，从而获得研究资料的一种方法。在本研究中，我们通过在幼儿园实地考察，充分了解幼儿园开展民间美术教育的真实现状，分析幼儿园实施民间美术教育对幼儿审美能力的影响，掌握幼儿园民间美术具有的审美特性。

3.访谈法：访谈法是指通过面对面的交谈了解受访人的心理和行为心理学的基本方法。本研究针对幼儿园的园长及数位幼儿教师设计了访谈提纲，以便更加全面深入地了解幼儿园民间美术教育的开展情况，访谈主要内容为教师对民间美术教育的认知情况及对幼儿园民间美术教育教学的建议进行幼儿审美能力的影响。

五、研究步骤

（一）准备阶段

1.进行课题论证，设计研究实施方案。
2.确定课题组主要成员及分工。
3.收集相关的文献资料，组织课题组成员学习相关理论知识。
4.完成开题报告，召开开题大会。

（二）实施阶段

1.制定课题研究方案，结合幼儿园、家庭、社区等多渠道资源，从生活中发掘或对现有方案中的主题进行梳理完善。
2.围绕民间美术教育建构幼儿园美术园本课程。
3.根据课题内容，认真组织每个活动，并做好观察、记录，定期在研讨会议中进行讨论研究，不断完善、充实活动内容。
4.在学期、学年结束时，对整个阶段的活动进行整体的讨论和分析，整理研究过程性资料，展示阶段性成果。

（三）结题鉴定阶段

1.整理资料，分类汇编成册。
2.总结经验，形成结题报告。
3.聘请专家论证、结题。

六、实践操作

1.开发和利用促进幼儿健康发展的民间美术内容

民间美术形式多种多样，而幼儿接受新知识的能力有限，因此不是所有的民间美术内容都适合开展幼儿民间美术教育，教师必须根据幼儿的实际情况积极开发和利用促进幼儿健康发展的民间美术内容。首先，要选择优秀的、积极向上的、易懂的民间美术内容与形式；其次，要选择那些利于幼儿操作、方便幼儿在活动中获取知识的民间美术形式，有效激发幼儿学习民间美术的兴趣。

2.引导幼儿用多种方式表达自己的审美感受

幼儿民间美术教育的目标之一就是提高幼儿的审美能力，因此在幼儿民间美术教育中，教师应该积极引导幼儿用多种方式表达自己的审美感受。在引导幼儿进行民间美术欣赏时，可以引导幼儿边欣赏民间美术作品边展开讨论，让幼儿将审美感受表达出来。

3.将民间美术欣赏与游戏相结合

单纯的民间美术欣赏活动无法调动幼儿学习的积极性，教师要积极转变教学策略，加强民间美术欣赏与游戏的结合，提高教学效果。例如，在雕塑欣赏活动中，教师在引导幼儿制作雕塑时，除了提供所用的创作工具和材料，还要鼓励幼儿发挥想象，以游戏的形式让幼儿进行创意雕刻。在这个过程中幼儿通过自由地剪、叠、扎、画、捏、刻、缝、塑、染等组合技巧，创作自己心目中的雕塑，并有效培养幼儿的创造力。

七、研究成效

民间美术的个性化以及多彩化能够有效激发幼儿学习美术的兴趣，开启幼儿的智慧。教师应该加强民间美术教育内容的开发与利用，制定科学的幼儿民间美术教育策略，通过本研究可以有效提高教师指导幼儿感受、发现民间美术的形式美和内容美的能力，促使幼儿形成正确的审美观念，提高幼儿发现美、理解美、表现美、创造美的能力。

美术是一种视觉艺术，无论是绘画作品、工艺作品还是建筑艺的呈现都是一个个静态的美丽的画面。在美术活动中，幼儿通过自己对这些对象的形状、颜色、质感、空间关系等进行整体的把握，在大脑中进行整合，形成"感觉"，对美术产生兴趣。美术活动是一种手、眼、脑并用的活动，需要幼儿用多种感官去感知审美对象，用脑去想象，理解、加工审美意象，用手操作美术工具和材料去表现自己的审美感受。在幼儿动手操作和细心观察的过程中，逐渐培养幼儿敏锐的审美感知能力。

山东省济南二机床集团有限公司幼儿园 李艳 杨雪

巧用废旧材料
优化大班幼儿美术活动的研究方案

一、研究背景

在平时和家长的访谈中了解到，很多家长在物质上对幼儿是有求必应，给幼儿买的玩具、图书不计其数，这些教具、玩具都十分精致和新颖，而且价格不菲。可大部分幼儿对于这些新玩具喜爱的热度不会超过一两个星期，没有珍惜的概念，对于生活中喝完的饮料、纯净水瓶子或瓶盖也是随手就扔。以上这些问题引起了我们的深思：如何让幼儿有效地利用生活中的废旧材料，充分发挥它们的价值？

我们认真研读了《纲要》和《指南》，试图从中找到前行的智慧与力量。《纲要》中指出："玩是幼儿的天性"，"要发现、保护和引导幼儿固有的天性"，"幼儿园应以游戏为基本活动"。可见，游戏是幼儿童年生活不可或缺的一部分。幼儿好奇心强，喜欢独立探索，但同时知识经验缺乏、技能不足，易造成损坏。这类行为被称为"无意性破坏"，它并不是幼儿的初衷，幼儿在反复摆弄、拆坏玩具的过程中，是以一种主动的状态参与活动，积极地进行探索，尝试各种新奇的创造，他们的兴趣得到了满足，创造力得到了发展。而废旧材料则可以满足幼儿的探索，促进创造力发展，且节约成本，又能培养幼儿的环保意识。

废旧材料在幼儿的日常生活中随处可见，可以让幼儿根据自己的兴趣爱好动手创作，把这些废旧的材料改造成自己喜欢的物品，这样的学习有着更加广泛的发展空间，也更能满足幼儿的实际需要。

基于此，我们开展了"巧用废旧材料优化大班幼儿美术活动的实践研究"，以满足幼儿的发展需求，也是幼儿园新课程理念的全新体现，具有一定的教育推广价值。

二、研究目标

1.通过课题的研究，让教师明白废旧材料在美术活动、幼儿园环境创设中的可利用性与教育价值。

2.让幼儿体验到变废为宝的乐趣，提高幼儿对美术活动的兴趣，促使幼儿萌发环保意识。

3.培养幼儿的动手能力与创造能力。

4.通过废旧材料在美术课程中的运用，丰富教学活动内容。

5.挖掘废旧材料在幼儿园各个方面的教育价值，对其进行合理、有效的利用，开发和整合幼儿教育资源。

6.在课题研究中提升教师的科研水平，拓展教育教学资源，丰富园本研究的范围。

三、研究内容

1.挖掘废旧材料在幼儿园环境中的价值，如废旧材料在园所环境、班级环创、主题墙、走廊中的运用。

2.挖掘废旧材料在区角游戏中的价值，如废旧材料在美工区、角色区、益智区、科学区、建构区、阅读区、音乐区、户外锻炼中的运用与探索。

3.挖掘废旧材料在美术教学活动中的价值，如废旧材料在绘画、手工制作中的运用与探索。

四、研究方法

1.调查研究法：开展课题研究前，在家长、教师中收集对幼儿园废旧材料有效利用的意见和建议。

2.文献资料法：了解国内外对此类选题的研究现状及发展态势，了解废旧材料在幼儿园游戏活动中运用的方法、形式等，为深入研究打下坚实的基础。

3.行动研究法：多通道实施利用废旧材料，如废旧材料在美术课程中的运用，废旧材料在游戏中的运用，废旧材料在美工区中的运用，废旧材料在环境布置中的运用。

4.经验总结法：全面梳理研究活动的过程性资料和阶段性成果，通过再思考和再提炼，形成全面、系统、完整且具有一定深度的《课题研究叙事》，迎接专家鉴定。

五、研究步骤

1.深入研读《纲要》《指南》，梳理课题研究思路，撰写课题研究方案。

2.开展文献研究，了解国内外对此类选题的研究现状及发展态势，了解废旧材料在幼儿园游戏活动中运用的方法、形式等，为深入研究打下坚实的基础。

3.实施问卷调查，在家长、教师中收集对幼儿园废旧材料有效利用的意见和建议。通过实地勘察、座谈等方法，把握研究动态，收集事实材料，为课题研究提供实践依据。

4.动员家长共同参与挖掘和收集幼儿活动的自然材料和废旧物品。

5.分析、讨论、修改、优化课题研究方案。

6.教师现场观察记录并分析幼儿进行绘画教学活动、手工教学活动及环境创设时对废旧材料的运用频次和持续的时间等，并进行作品展评。

7.深入研究在美术活动中有效利用废旧物品等资源的途径和方法，有计划地阅读相关书籍、报刊，撰写读书心得、体会。

8.经验总结，全面梳理研究活动的过程性资料和阶段性成果。

9.通过再思考和再提炼，形成全面、系统、完整且具有一定深度的研究成果，迎接专家鉴定。

六、实践操作

1.挖掘废旧材料在幼儿园环境中的价值

《纲要》指出，环境是重要的教育资源，幼儿的发展是与周围环境主动积极、相互作用的结果。我们发动家长资源，亲子合作参与废旧材料的收集、消毒清洗与利用，形式多样。在晨谈时，幼儿们各抒己见，提出创作的主题，在区域游戏时大显身手，将自己的想法付诸行动，或独自创作，或与同伴合作，在互动交流中将废旧材料与各种材料组合进行艺术表现和创作，完成的作品或展示于作品墙，或制作成故事小书，或陈列于楼道墙壁……一幅幅让人赏心悦目的图画和艺术品，与环境形成了互动，让每一面墙变成会说话的墙。在这一过程中，幼儿变成环境的创设者，环境与课程、主题、幼儿及家长形成了多元互动。这样的环境创设既环保又经济，还培养了幼儿的动手能力和创造力，并体验了成功的快乐，使幼儿养成了节约的良好品质。

2.挖掘废旧材料在区角游戏中的价值

在区域活动中，我们将废旧物品进行改造，做成成品或半成品玩具投放到活动区，供幼儿游戏。如在"娃娃家"中，幼儿带来了洋娃娃、奶瓶、小毯子等旧的生活用品；在"超市"区域中，幼儿从家中带来的洗发水瓶、化妆品瓶子、饮料瓶、小推车等成了他们百玩不厌的玩具；在"操作区"里，饮料瓶涂上不同的颜色，幼儿按颜色和大小进行排序游戏；在"数学区"里，我们投放塑料瓶盖、扣子等，让幼儿练习数数和学习数的分解；在"美工区"里，我们引导幼儿用豆子、米、碎布、旧报纸、旧书籍等装饰成漂亮的画和手工作品；在"建构区"里，用各种纸箱、纸盒、奶粉罐、线筒等，代替积木进行建构作品；在"音乐区"里，锅碗瓢盆、饼干盒、奶粉罐、筷子等都是幼儿探索声音、节奏的工具。

幼儿在各个区域中，学学、找找、玩玩，学到了更多的知识，在潜移默化中培养了环保意识，提高了动手能力和学习兴趣。

3.挖掘废旧材料在教学活动中的价值

我们从幼儿实际出发，根据活动的特点以及需求，开展灵活性较强的活动。例如，在绘画活动中，给幼儿提供彩色纸片、平滑的旧木板等材料，让幼儿在旧木板上进行绘画创作，他们将颜料混合泼洒在木板上，制作成具有强烈视觉影响的抽象画，非常有感染力；或者幼儿把颜料涂在手上，然后在木板上印出不同形状、不同颜色的手掌，进行添画，幼儿对此类活动兴趣浓厚。

我们也创造机会让幼儿多多亲近自然，提高幼儿对大自然以及日常生活的感受能力。然后利用自然材料开展活动，幼儿可以利用玉米皮制作服饰，利用树叶制作书签，利用毛线编织花朵等，不断激发幼儿的创新力与想象力，使幼儿在不断的实践过程中获得更多的体验和提升，进而促进幼儿的全面发展。

七、研究成效

在课题研究的过程中，教师们进一步更新了教育观念，找到了新的定位，知道自己不再是权威的代表，而是幼儿的合作者、引导者、支持者，从自己决定一切到师幼互为主体，形成师幼间的双向互动。在课题的交流、分享与合作中，大家能从实际出发，精心设计活动方案，进行分析、评价和反思，改进教学策略，相关成果在各年龄段得到了推广应用。研究的历程，让教师在不断地探索、研究、反思、提高中逐渐成长。

　　在与废旧材料日益深入的接触和碰撞中，幼儿运用多种感官和已有经验，不仅体验到了废旧材料制作的乐趣，更在玩游戏的过程中获得了知识、增强了技能、陶冶了情操、提升了良好的个性品质。

　　本课题的研究，也有效促进了家长思想意识和素质的提高。我们通过对家长一次又一次的宣传和亲子活动的开展，提升了家长的思想素质，让他们从被动参与到主动出击。渐渐地，家长们心领神会，主动而积极地投身于幼儿园组织的大大小小的活动中，并交流着幼儿的成长和变化。同时用自己的实际行动为幼儿树立榜样，和幼儿共同迈向成长的阶梯。

江苏省如皋市下原镇山珀幼儿园　周晓林

纸制材料促进
幼儿创造力发展的研究方案

一、研究背景

爱玩是幼儿的天性，自由的游戏环境能激发幼儿多方面的发展，如动手能力、合作能力、沟通能力、表达能力、创造能力等，其中创造能力最为显著。陶行知先生曾经说过："我们发现了儿童有创造力，认识了儿童有创造力，就须进一步把儿童的创造力解放出来。"《纲要》指出：3—6岁的儿童是想象力、创造力发展的黄金时间。而大班幼儿更是思维活跃、可塑性强、想象力丰富。

纸制材料不仅容易取得，而且是低结构材料，是促进幼儿创造力发展的有效媒介。纸制材料可供幼儿进行多样性探索与表现，可按幼儿的想法任意操作、改变、组合，纸制材料在活动中往往能发挥幼儿的想象力和创造性，促进幼儿的主动探索和学习。

本研究通过观察大班幼儿在自主性游戏中纸制材料的运用情况，从环境支持、教师启发和同伴互助三方面总结积累纸质材料在自主性游戏中促进大班幼儿创造力发展的策略，从而达到激发大班幼儿在自主游戏中的好奇心和兴趣，培养大班幼儿创造力的目的。

二、研究目标

1.本研究从创造力培养出发，对大班幼儿创造力以及自主性游戏中纸制材料的运用情况进行调查、统计、分析，了解大班幼儿创造力以及自主性游戏中纸制材料运用现状。

2.剖析自主性游戏中纸制材料的运用对培养幼儿创造力存在的问题，积累自主性游戏中纸制材料的运用策略，从而达到利用纸制材料激发大班幼儿好奇心和兴趣，培养大班幼儿创造力的目的。

三、研究内容

1.大班幼儿创造力现状的调查和分析

（1）编制问卷，调查园内大班幼儿创造力的现状。

（2）对调查结果进行分析。

2.在自主性游戏中运用纸制材料培养大班幼儿创造力的策略

（1）在自主性游戏中，观察大班幼儿使用纸质材料的情况。

（2）依据调查结果，跟进自主性游戏中纸质材料的调整与丰富。

（3）上述两个环节循环操作，形成完整的调查分析研究结果。

（4）依据研究结果，提出解决策略，对自主性游戏中纸质材料的提供进行系统性整理。

四、研究方法

1.行动研究法：从实际工作需要中寻找课题切入点，由实际工作者与研究者共同参与，使研究成果为实际工作者理解、掌握和应用，从而达到解决实际问题的目的。

2.文献研究法：收集、鉴别、整理文献，通过对文献的研究，形成对事实科学的认识。收集和分析国内外对"纸制材料""自主性游戏""幼儿创造力"三者的研究，作为本课题的研究背景和依据。

3.问卷调查法：通过向调查者发出简明扼要的征询单（表），填写对有关问题的意见和建议来间接获得材料和信息。运用此方法把设计好的问卷发给大班幼儿家长，收集大班幼儿创造力还有哪些不足，以提高研究的针对性。

4.访谈法：通过对大班幼儿、大班家长以及大班教师的个别访谈，收集大班幼儿创造力的局限性，以此来制定具有针对性的教育策略。

五、研究步骤

（一）准备阶段

1.收集与本课题研究有关的资料。

2.学习研究方法的理论知识。

3.完成课题研究方案的设计。

（二）实施阶段

1.编制问卷，通过问卷调查和个别访谈，了解目前大班幼儿创造力不足的现状及原因。

2.对调查数据进行统计分析，撰写调查报告。

3.查找有关文献，为研究提供理论依据。

4.根据调查的相关结果，丰富自主性游戏中的纸质材料。

5.开展行动研究。

6.运用问卷调查和个别访谈，了解大班幼儿创造力的提高情况。

7.在研究实施中发现问题，及时调整策略，完善研究方案。

（三）总结阶段

1.对研究成果进行梳理、总结、提炼。

2.将所有的研究资料进行整理、汇总。

3.对研究结果进行统计与分析，撰写研究报告。

六、实践操作

1.提供适宜的环境和材料

《纲要》中指出:"环境是重要的教育资源,应通过环境的创设和利用,有效地促进幼儿的发展。"在幼儿自主游戏时,能够给予幼儿启发和支持的就是一个良好的环境。

充足的时间和空间能够让幼儿自由地操作材料或玩具,也便于幼儿之间的友好协作。丰富多样的材料是幼儿自主游戏的基础,教师应多为幼儿选择一些能操作、多变化、多功能的玩具材料或废旧材料,在保证安全的前提下,鼓励幼儿拆装或动手制作。我们和幼儿一起收集了各种类型的纸制材料:废旧牙膏盒、旧纸箱、旧报纸、鸡蛋托、彩纸等,作为幼儿自主游戏的部分材料,也提供了一些辅助材料,如双面胶、画笔、瓶盖、铝制饮料瓶、塑料小调羹、木棒、绳子、剪刀等。不同能力的幼儿可以根据自己的实际能力选择适宜自己的材料进行活动。在活动中,积极互动、创造。

2.借助周边的社会资源

《指南》中指出:幼儿艺术领域学习的关键在于充分创造条件和机会,在大自然和社会文化生活中萌发幼儿对美的感受和体验,丰富其想象力和创造力。我们应充分利用社区资源,激发幼儿创作兴趣。例如,在自主性游戏时,有幼儿对消防车产生了兴趣,可是消防车结构有点复杂,幼儿不能很好地完成作品,于是我们就与当地消防队取得联系,让幼儿参观消防队,了解消防员的生活起居、消防车的结构、各式各样的灭火器材等,幼儿十分感兴趣。有了参观的经验,幼儿在自主性游戏开展时,制作出了消防车和各式各样的消防器材,后续还创造出了升级版的消防车。

3.教师转变观念,支持幼儿游戏的自主性

《纲要》中明确指出:以幼儿为主体,让孩子成为学习的主人。在以往的自主游戏中,教师常常规定主题,规划空间区域,观察过程中总是急于介入。教师这种指导方式无疑在很大程度上限制了幼儿的创造思维，阻碍了幼儿创造力的发展。与其让幼儿在规定的主题下游戏，不如放开手让幼儿自己去探索，充分发挥自己的想象力和创造力，支持幼儿游戏的自主性，突出幼儿的主体作用。我们会发现，幼儿在自主性游戏中的主题是经常变化的，他们的思维总是那么活跃，想象力和创造力在游戏过程中得到了极大的发挥。

七、研究成效

纸制材料对幼儿创新能力的提高具有积极的引导作用，通过本课题的研究，幼儿的观察力、意志力、想象和联想能力、探究和实践能力都得到了明显的提高。他们会坚定地把自己的某个想法付诸实践，具备了寻求变通办法和探究新的可能性的倾向，纸制材料成了促进他们创造力发展的有效媒介。

本课题的研究也为园所教师在开展自主游戏时，对于纸制材料的投放提供了新经验，总结了一些开展自主游戏的相关策略，以促进幼儿思维的碰撞，为利用纸制材料开展创造性的自主游戏提供了系统性的支持。

通过本课题的研究，我们建立了自主游戏中可利用的纸制材料资源库，丰富了纸制材料的种类。低结构纸制材料有彩纸、皱纹纸、硬卡纸、宣纸、剪纸、衍纸、印刷纸、油性纸、瓦楞纸、牛皮纸；废旧纸制材料有鸡蛋托、牙膏盒、鞋盒、广告纸、报纸、纸板箱、卷纸芯、挂历、玩具包装盒；成品纸制材料有纸杯、纸盘、锡箔纸、贴纸、标签纸、纸牌；等等。丰富的纸质材料，使幼儿在对材料进行加工、改造、组合的基础上学会迁移与创造，有效促进了幼儿创造力的发展。

上海市松江区蓝天幼儿园 刘连萍

多元化信息技术促进
幼儿语言发展的研究方案

一、研究背景

随着时代的进步和科技发展，现代信息技术将扮演重要角色。现代信息技术是完成教育任务，达成教育目标的有效手段之一。在幼儿教育中应用多元化的信息技术能够为幼儿提供一个身心愉快、主动探究的良好环境，能够帮助幼儿园和家长之间进行信息传递，促进家园共育，还能够拓宽幼儿视野，丰富幼儿的知识经验。信息技术作为新时代幼儿园语言教育的有效辅助手段，对于培养幼儿的观察、想象、思维的能力，促进幼儿语言发展具有独特的作用。

《幼儿园工作规程》在保育教育的总目标中明确提出了"培养正确运用感官和运用语言交往的基本能力"。第二十五条指出，幼儿园要"综合组织健康、语言、社会、科学、艺术各领域的教育内容，渗透于幼儿一日生活的各项活动中，充分发挥各种教育手段的交互作用"。《指南》中指出："语言是交流和思维的工具。幼儿期是语言发展，特别是口语发展的重要时期。幼儿语言的发展贯穿于各个领域，也对其他领域的学习与发展有着重要的影响。幼儿在运用语言进行交流的同时，也在发展着人际交往能力、理解他人和判断交往情境的能力、组织自己思想的能力。通过语言获取信息，幼儿的学习逐步超越个体的直接感知。"这段话清晰地说明了语言学习和发展对儿童全面发展的价值。

因此，如何巧妙自然地借助多元化现代信息技术手段在幼儿生活环节中为幼儿创设语用机会和环境，促进幼儿语言发展，通过语言发展带动幼儿的全面发展，落实"一日生活皆教育"的理念，成为课题研究的方向。

我们尝试利用多元化信息技术手段为幼儿营造语言交流运用环境，把幼儿园语言教育课程与幼儿一日生活环节相结合，在幼儿一日生活环节中实现幼儿语言学习与发展的目标要求。

二、研究目标

1.通过课题研究，开发幼儿园一日生活环节中的现代信息技术辅助语言教育模式，总结、提炼教师在幼儿一日生活中进行语言教育的策略和方法。

2.通过课题研究，既促进幼儿语言发展，培养幼儿良好的学习品质和各方面能力，同时促进幼儿身心全面和谐发展。

3.通过课题研究，提高教师组织生活化教育教学的能力及语言素养，提升教师运用现代教育信息技术的能力。

三、研究内容

1.创设幼儿语言交流运用的情境，在运用中促进对幼儿口头语言发展的研究。

（1）抓住兴趣点，引发幼儿交流话题，通过提供感兴趣的话题，在宽松和谐的语言教育环境中让幼儿畅所欲言，学习语言、发展语言。

（2）利用"我是小小播报员"活动，激发幼儿交流讨论兴趣。

在生活中设置谈话环节，让幼儿轮流播报新闻，从新闻时事到与幼儿生活、学习相关的话题。利用多种方式吸引幼儿积极参与，让幼儿在活动中有想说的欲望，并能够较为流利、完整地进行表达。

（3）利用生活环节中的教育契机。

幼儿一日生活环节中蕴藏着许多教育契机，教师要学会做有心人，抓住生活中的"小事"，制造讨论交流的机会，通过交流、讨论、解决生活问题的过程，提升幼儿的口头语言表达能力。

2.借助美术讲述在幼儿园一日生活中促进幼儿语言发展的研究。

幼儿语言的发展贯穿于各个领域，也对其他领域的学习与发展有着重要的影响。而美术活动是一种有形、有色、有情节的艺术活动，对幼儿而言是他们自发运用天真无声的语言表现自我、表述思想、宣泄情绪、想象和创作的过程。在幼儿的美术活动中，存在着大量的语言教育因素。我们在美术活动过程中引导幼儿讨论主题内容，培养幼儿运用口头语言与他人交际。通过作品讲述或根据情景创编故事，促进幼儿独白语言的发展，尤其是通过讲述提高幼儿运用说明性讲述和叙事性讲述的能力。

3.利用节庆活动促进幼儿语言发展的研究。

节庆活动作为幼儿生活的一部分，是教育幼儿的有利时机。通过节庆活动中讲述活动的开展，可以提高幼儿运用说明性讲述和叙事性讲述的能力。同时，借助节庆活动还可以对幼儿进行爱国主义教育和感恩教育，从而使节庆活动促进幼儿语言发展、社会性发展。

4.利用听说游戏组织幼儿一日生活环节，提高幼儿语言能力的研究。

幼儿听说游戏的活动内容主要集中在幼儿听、说的理解和表达方面，是为培养幼儿倾听和表述能力专门设计的。听说游戏的教育目标以培养幼儿倾听和表述能力为主。我们从不同的角度选材，根据不同年龄段要求指标，进行创编、改编听说游戏。

5.借助绘本阅读活动，促进幼儿语言发展的研究。

提供丰富、适宜的低幼读物，经常和幼儿一起看图书、讲故事，有利于丰富其语言表达能力，培养良好的阅读兴趣和习惯，进一步拓展学习经验。绘本题材多元，有许多优秀绘本都与幼儿的生活紧密联系，与幼儿园的其他活动相辅相成，互为补充。

四、研究方法

1.行动研究法：通过运用多元化信息技术，为幼儿创设语言运用环境和机会的行为，不断调整教育策略，边研究边总结。

2.观察记录法：观察幼儿的语言行为，记录分析幼儿表现，寻找幼儿兴趣点，根据幼儿兴趣采取进一步的推进措施。

3.经验总结法：对在实践中收集的材料进行全面归纳、提炼，确定具有普遍意义和推广价值的方法策略。

4.文献研究法：整个研究过程中，课题组成员不断查阅相关文献资料，作为理论支撑。

五、研究步骤

（一）准备阶段

1.确定课题，进行课题研究可行性论证，申报立项。

2.撰写开题报告，完成课题方案设计。

3.成立课题研究组，对参与课题研究的成员进行分工。

4.课题组成员进行学习和培训，对课题实施过程中涉及的理念达成共识，制订具体可操作的课题研究实施计划。

（二）实施阶段

1.对不同年龄段的幼儿语言发展水平和教师信息技术运用情况进行测查，了解现有水平。

2.制订阶段实施计划，在一日生活不同环节中利用各类信息技术手段对幼儿的语言行为进行观察记录，尝试创设语言运用情境，激发幼儿语言表达的积极性。

3.在幼儿园入园、晨间活动、盥洗、餐点、午休、环节转换间隙、游戏、离园等不同环节中，尝试采用多种信息技术手段和语言教育策略进行实践，筛选适用于不同生活环节的有效的信息技术手段和语言教育策略。

4.对教师的信息技术运用、指导和介入策略进行积累和梳理，形成论文写作的基本框架。

5.对教师在幼儿园一日生活的每一环节中，实施语言教育活动形式和指导的干预方式进行归纳整理。对有效的语言活动方式进行拓展实施，形成初步的保教融合语言教育模式。

6.完成阶段研究论文的写作。

（三）总结阶段

1.整理课题资料，撰写成果论文，做好结题的申请准备。

2.面向全园推广研究成果，促进幼儿语言能力的提升。

六、实践操作

1.分组研究，记录教育过程和推进策略

兴趣话题组：借助摄影、录像等功能记录并抓住幼儿一日生活中的兴趣话题，支持幼儿畅所欲言。

美术讲述组：幼儿讲述作品时，教师录制小视频，然后上传相关平台生成二维码，再把二维码贴在幼儿的作品旁边，激发了幼儿的讲述兴趣和积极性，锻炼幼儿在集体面前积极表现自己。

节庆活动组：前期通过多种信息技术途径进行关于节日的调查，激发幼儿说的欲望。活动过程中通过视频、PPT创设节日情景，提高幼儿说的兴趣。借助电子教育资源进行节日集体教学活动，丰富幼儿词汇量。

听说游戏组：借助电化教育手段，丰富幼儿游戏知识经验，利用听说游戏提高幼儿语言能力。主要有按一定规则进行口语表达练习的听说游戏、提高幼儿倾听水平的听说游戏、培养幼儿在语言交往中机智性和灵活性的听说游戏。

绘本阅读组：绘本活动的学习过程离不开多种信息技术的运用，在各种信息技术手段的辅助下，借助幼儿最喜爱的图书绘本阅读活动，可以挖掘幼儿的兴趣话题，进行深入追踪和实施系统化的教育推进措施，促进幼儿书面语言和文学语言的发展。

2.提炼促进幼儿语言发展的共性策略方法

一是日常生活中的语言教育策略：创设宽松的精神氛围，倾听幼儿说话；提供幼儿可谈论的真实环境，引发幼儿说话；提供幼幼、师幼互相交流的情境，激发幼儿表达的愿望；创设能够引发幼儿对话的问题情境，丰富幼儿语言。

二是多元化信息技术运用策略：恰当使用信息技术辅助教学；网络音频和视频教育资源拓展幼儿谈话知识经验；现代化、多元化的信息技术手段让家园交流、家园配合更便捷。

3.举办课题论文大赛，提高教师综合能力

在课题研究中，教师积累撰写经验总结的能力日趋加强。活动中教师们能够不断发现和捕捉到幼儿生活学习中的许多富有创意的"亮点"和具有创新的行为，教师在新的教育理念指导下，善于分析、反思教育实践中的各种现象，总结语言教育中的点滴经验，撰写相关论文。举办课题论文大赛，借此提高教师的分析能力、思维能力、演讲能力、写作能力等，进而提高教师的综合能力，促进专业化发展。

七、研究成效

1.课题研究促进幼儿发展

各班级幼儿语言表达能力普遍得以提升，尤其是口语表达能力方面，并且幼儿词汇量的大大增长，让幼儿们变得自信并敢于在集体面前大胆地讲话，良好礼貌用语的行为习惯也提高了不少。生活即教育，在幼儿的一日活动当中，始终是在自然而然的状态下整体地学习语言，始终是在真实的情境中运用语言，在运用语言中学习语言提高语言能力。教师只是进行适时的引导，在自由宽松的氛围中，激发幼儿表达的欲望，在交流中潜移默化地引发同伴间的相互学习，使幼儿的语言得到不同程度的发展。在形式丰富、氛围宽松的交流情境中，幼儿讲述过程中的逻辑思维能力也逐渐增强。

2.课题研究促进教师的提高

（1）教师使用信息化技术手段辅助教育教学的能力增强

课题研究过程中，幼儿园集中进行的教育信息技术培训，让教师普遍掌握了常用软件功能的基本使用方法，能将其恰当地运用于教育教学过程中，真正对营造交流情境、拓展幼儿视野、丰富幼儿知识经验起到重要的辅助作用。

（2）教师素质在课题研究过程中得以大幅提升

为了更加科学有效地指导幼儿，教师需要不断地学习课题研究方面的专业知识。根据本班幼儿的年龄特点收集他们应该掌握的词汇和句型，在日常生活各环节中，教师以身作则，用优美的语言、丰富的词汇去感染、熏陶幼儿，使幼儿在潜移默化中学习语言。为了分析幼儿语言水平，教师须对《纲要》和《指南》语言部分的详细要求了如指掌，深刻领悟，不断加快教师专业成长的步伐。

3.课题研究促进家长参与意识的提高

《纲要》指出，家庭是幼儿园重要的合作伙伴。应本着尊重、平等、合作的原则，争取家长的理解、支持和主动参与，并积极支持、帮助家长提高教育能力。在课题研究中，教师能积极向家长做好宣传工作，帮助家长了解课题，提高他们对幼儿语言能力发展的重视。教师还定期向他们发放相关的学习资料，并通过家长会、家长开放日、亲子活动等向他们介绍课题开展的具体情况，取得了他们的大力支持和配合。

山东省滨州市滨城区第二实验幼儿园　赵红艳

引领家长践行《指南》机制和策略的研究方案

一、研究背景

陈鹤琴指出:"幼儿教育是一种很复杂的事情,不是家庭一方面可以单独胜任的,也不是幼儿园一方面能单独胜任的,必须要两方面合作,方能得到充分的功效。"《纲要》在组织与实施中提出:"家庭是幼儿园重要的合作伙伴,应本着尊重、平等、合作的原则,争取家长的理解、支持和主动参与,并积极支持、帮助家长提高教育能力。"《指南》根据幼儿年龄特点提出了更多、更细致的要求,从健康、语言、社会、科学、艺术五个领域描述幼儿的学习与发展,为实施"家园共育"提供了具体的支持与帮助。

随着学习、贯彻《纲要》《规程》和《指南》精神的不断深入,幼教人越来越意识到:幼儿教育是一项系统教育工程,需要幼儿园、家庭和社会共同努力,特别是幼儿园与家庭的密切配合。要促进每个幼儿全面且富有个性地发展,单靠幼儿园教育是难以实现的,幼儿园、家庭必须协同教育,才能共创一种有助于幼儿身心全面发展的良好氛围。

二、研究目标

1.开展广泛宣传，引领家长认识《指南》，科学地学习和利用《指南》，营造促进幼儿健康成长的良好校园氛围。

2.创建《指南》家园直通车，利用各种亲子互动活动，让家长自主参与幼儿园的活动，传达和感受正确的幼儿教育理念和方法，帮助家长树立正确的教育观。

3.通过研究，提高教师的研究能力，促进教师的专业发展。

三、研究内容

1.宣传讲解，让家长了解《指南》，体验《指南》

组织教师和家长学习《指南》，发放《指南》学习手册，用《指南》中的教育思想、幼儿学习与发展目标和教育建议来指导家长。

2.亲子互动，让家长运用《指南》

在幼儿园开展"家长进课堂"活动，不仅增进了幼儿和家长的沟通，还拉近了家长与幼儿、家长与幼儿园、家长与家长之间的距离，让家长不断获取新的教育知识，逐步获得科学的教育理念，从而改善家庭教育方式，同时促进幼儿园教育质量的提高。

3.建构家长平台，增强家园合作，形成家园共育资源库

通过各种载体，向家长发出倡议，号召全体家长积极投身到活动中来。统筹各类资源、社会专家资源和信息资源等，形成内容科学、管理有序、应用有效的幼儿园主题式课程资源库。

4.多元化教研，提高教师专业指导能力

通过灵活多样的方式，如专家进园、园本教研、社团活动、线上线下研讨等方式，学《指南》、用《指南》，从而提高教师自身专业发展，有效地推动教师参与家长工作。

四、研究方法

1. 文献研究法：认真研读专业书籍，重点学习教育思想、理念，分析著作中的教育案例，汲取经验。

2. 观察法：通过多样化的观察记录幼儿、家长在研究环境中的表现，引导家长表达自己的体验，以便于总结研究的方向、方法是否得当。

3. 行动研究法：用《指南》教育理念指导实践，不断反思、总结、优化。

4. 问卷调查法：采用问卷、访谈、家长会等调查方式，了解家长对《指南》的认识、运用等现状。

5. 案例研究法：在研究中形成典型案例，在案例学习、分享中不断反思、总结、优化。

6. 经验总结法：梳理家长践行《指南》的机制和策略，用理论进行提炼，形成适宜的评价办法。

五、研究步骤

（一）准备阶段

1. 成立园务组：由园领导班子和年级组组长制定活动方案，推动班级、家长开展各项践行《指南》的活动。

2. 成立课题组：进行课题设计和论证，撰写申请书，进行课题申报工作。课题组成员进行分工，开展家长对《指南》认识的现状调查及分析，撰写研究计划。

3. 成立家委会：家委会与幼儿园紧密合作，带动园级、班级家长主动参与活动。

4. 专题培训：开展课题组成员学习与培训，重点学习关于"引领家长践行《指南》的机制和策略的研究"的文献。

（二）实施阶段

1. 通过家长会、问卷、座谈会等方式了解家长对《指南》的认识、运用等情况，并对调查结果进行分析。

2. 组织教师和家长学习《指南》，发放《指南》学习手册，用《指南》中的教育思想、幼儿学习与发展目标和教育建议来指导家长。

3. 开展"爸爸俱乐部""美食美味""劳动能手"等家长进课堂活动，增进幼儿和家长的沟通，拉近家长与幼儿、家长与幼儿园、家长与家长之间的距离，让家长不断获取新的教育知识，逐步获得科学的教育理念，从而改善家庭教育方式，促进幼儿园教育质量的提高。

4. 建构家园沟通的平台，向家长发出倡议，号召全体家长积极投身到活动中来。统筹各类资源、社会专家资源和信息资源等，形成内容科学、管理有序、应用有效的幼儿园主题式课程资源库。

5. 通过专家进园、园本教研、社团活动、线上线下研讨等方式，学《指南》、用《指南》，从而提高教师自身专业发展，有效推动教师参与家长工作。

6. 从年龄段、活动建议、资源链接等方面，梳理家长践行《指南》的机制和策略。

（三）总结阶段

1. 总结研究过程与结果。

2. 形成物化成果：论文集、案例集、视频集等。

3. 撰写课题研究报告、工作报告，邀请专家进行论证。

六、实践操作

1. 营造氛围，让家长全面感知《指南》

环境是重要的教育资源，就像一位不会说话的老师。幼儿园的环境创设更是作为一种"隐性课程"，在开发幼儿智力、促进幼儿个性发展等方面具有不可低估的教育作用。因此，我们要在环境上对户外环境和室内环境进行改造、优化，调整布局和丰富材料。

户外环境调整优化，回归自然：每个场地优化后可成为融运动性、表现性、探索性、社会性等为一体的综合活动区，满足幼儿就近游戏的需要，避免来回奔波，浪费时间；室内环境适当"留白"：强化环境色彩的搭配协调，去形式化，增加低结构材料、自然材料，优化空间，把更多空间留给幼儿开展游戏，把环境游戏性和教育性结合在一起。

环境与材料调整优化后，幼儿的学习与发展发生了很大的变化。他们在一日生活活动中自我服务能力提高，可以进入个别化、深度学习，在活动中表现出积极主动、认真专注、乐于想象、敢于创造和探究、敢于尝试等良好的学习品质。

同时利用公共区域创设宣传《指南》大环境，利用校讯通、幼儿园网站、发放《指南》手册等方式，公布五大领域32条发展目标，营造学习《指南》的大环境，让家长看到《指南》所涵盖的较为全面的内容，杜绝片面理解，断章取义。

通过创设适宜的主题环境，随机提示环境中蕴含的《指南》寓意，让家长感受到与幼儿息息相关的活动中的《指南》理念。如艺术领域中，秋天到了，家长周末带幼儿外出踏秋，感受秋天的美，收集很多自然材料带到班级来，于是老师和幼儿们一起创设环境，让幼儿园里充满秋天的气息；同时，幼儿园组织幼儿们外出寻找秋天、记录秋天的美好，收集各种活动材料，幼儿们利用自己收集的材料进行各种形式的创作。

2. 宣传解读，让家长科学认识《指南》

向家长发放《指南》手册，通过线上研讨、家长会等形式，针对家长特别关心的问题展开讨论，逐步解开家长心中的疑惑，引导家长灵活运用《指南》中的教育建议，科学合理地陪伴幼儿。如解读健康领域时，针对幼儿自我服务能力的探讨，引导家长学会放手，邀请家长进园开展自理能力学习课堂，提倡幼儿自主入园，小班、中班自主进餐、大班自主签到、小小值日生等活动。

3.邀请家长参与活动，切身感知《指南》带给幼儿的变化

一方面，园内开展的家长开放日和大型活动，有针对性地引导家长对于《指南》中一些教育建议的方法运用。比如小班亲子陪读时，可带领家长和幼儿在游戏中一起感知幼儿间的相处策略、发生冲突时的处理办法；亲子运动会中，结合健康领域平衡协调、力量耐力方面的发展目标，开展趣味亲子游戏，让家长在玩乐中看到幼儿的发展，并将好玩有效的体育游戏融入日常生活，共促幼儿健康成长。另一方面，邀请家长参加节日活动，让家长观察幼儿如何在玩中获得发展，也有效促进了亲子关系的发展。

4.家园合作，开展多途径交流分享

每周都会有家长志愿者入园，观摩、参与幼儿园的各项活动，对早上的户外活动、班级集体活动、班级游戏活动，家长可以提出自己的想法和见解。午餐时间，家长志愿者留园和幼儿共同进餐，更好地了解、监督幼儿伙食。通过走进幼儿园活动，家长更深入地了解幼儿在园一日活动，对幼儿园活动组织管理起到监督和督促作用，为幼儿成长共撑一把保护伞。

通过家长学校平台，家长以家庭教育为抓手，每周在线积极交流育儿经验，讨论育儿方法，同时利用空闲时间来园开展研讨，在宽松、自主的氛围中，家长依次朗读书中某句话或某段落，谈自己的认识、感悟、反思，分享育儿经验，探讨、解决育儿困惑，从而获得更科学、专业的教育理念。

5.多元化教研，提高教师专业指导能力

在《指南》背景下，以课题研究为平台，带动教师积极参与家长工作，转变教师和家长的教育观。

每周由一位骨干教师带领新教师针对《指南》中的教育建议，进行面对面的领读与交流，以转变教师观念，提升教师的整体素质。

开展园本教研，通过持续性、沉浸式、进阶式的精准教研，引导

教师进行理论学习、阅读反思、观察实践、分享交流、调整优化，以提高教师专业素养。

多种教研形式，可以充分满足不同层次教师对自身专业发展的需要，分析解决实际家长工作中的疑惑难题，有效推动教师参与家长工作。在与家长的沟通交流中，既全面掌握《指南》教育理念的原则，又从实际出发，不迁就家长的错误意见，运用不同的教育方法，针对不同性格的家长采取不同的交流方式。

七、研究成效

《指南》中提出："以为幼儿后继学习和终身发展奠定良好素质基础为目标，以促进幼儿体、智、德、美各方面的协调发展为核心，通过提出3—6岁各年龄段儿童学习与发展目标和相应的教育建议，帮助幼儿园教师和家长了解3—6岁幼儿学习与发展的基本规律和特点，建立对幼儿发展的合理期望，实施科学的保育和教育，让幼儿度过快乐而有意义的童年。"

幼儿的发展不仅体现在智力层面，而且应注重幼儿的全面发展。幼儿园家长工作的出发点就在于充分利用家长资源，实现家园互动、合作共育。幼儿园只有科学引领家长，密切联手实施教育，才能促进幼儿健康、和谐、全面发展。通过本研究，家长一改往日被动地看、被动地听，切实体验幼儿园的活动，切实参与到幼儿的教育中来。今后，我们将继续遵循"实践—反思—研究—实践"之路，努力在实践中研究，在研究中实践，与时俱进，不断调整和改进、充实和丰富家园共育机制和策略，探寻更多适宜有效的教育方法，为提高家园教育水平做出努力。

江苏省镇江新区姚桥中心幼儿园　王燕　祁玲玲

家园共育视角下的幼小衔接研究方案

一、研究背景

幼儿的全面健康发展需要联合多方的力量，尤其是家庭与幼儿园双方的教育力量。幼小衔接是幼儿成长过程中的一个重要转折点，让幼儿快乐衔接、顺利过渡到小学是每一个老师和家长的心愿，充分发挥家园双方的协同作用，以便为幼儿顺利衔接到小学生活奠定基础。

《纲要》指出："幼儿园应与家庭及社区进行密切合作，并与小学相互衔接，充分综合利用各种相关教育资源，一同为幼儿的发展创造良好的条件。"这又为我国幼小衔接研究提供了政策支持，并指明了方向。

幼儿园阶段是幼小衔接的重要环节，而家园的共同配合是幼小衔接的重要途径，家园共育助力幼小衔接，家园共育培养孩子良好习惯，促进幼小衔接的顺利进行，为幼儿一生的学习生活做好铺垫。

为贯彻落实《教育部关于大力推进幼儿园与小学科学衔接的指导意见》，全面深入推进幼儿园与小学科学衔接，引导幼儿园、小学、家长和社会形成正确的教育观，帮助儿童实现从幼儿园到小学的平稳过渡，研究家园共育视角下幼小衔接的策略非常重要。

本课题参考现有研究成果，并深入实践。挖掘家园共育的优势所在，形成完整的家园共育视角下幼小衔接的策略研究，以期丰富当前家园共育与幼小衔接理论研究的成果，为一线教师提供理论指导。

二、研究目标

1.通过研究，准确把握当前家园共育视角下幼小衔接的现状，找出问题所在。

2.通过研究，帮助家长树立正确的"幼小衔接观"，正确认识幼小衔接。

3.通过研究，探索家园共育促进幼小衔接的途径、形成家园共育的策略。帮助幼儿提高自主管理、生活独立等能力，让幼儿养成良好的学习习惯，具备适应小学课堂学习的能力。

三、研究内容

1.了解幼儿教师、家长对家园合作促进幼小衔接的实践情况，找出问题。

家长普遍重知识轻能力，忽视学习习惯的养成；"小学化"倾向严重；教育的连续性不好；幼小衔接效果质量不佳；幼儿进入小学学习阶段，表现出身体与心理的各种不适应状态等问题。

2.构建利于幼儿发展的幼小衔接课程体系，探索家园共育促进幼小衔接的途径，提出系统的家园共育视角下幼小衔接的策略。

四、研究方法

1.文献研究法：采用文献检索手段，通过对相关文献和论文资料进行收集和梳理，明确政策要求，在相关文献中整理出家园共育对于幼小衔接的重要作用。

2.访谈法：通过与家长面对面地进行交流、讨论，收集家长的幼小衔接观。

3.行动研究法：通过调查研究，发现问题，剖析内在原因，有针对性地制定相应对策，并不断完善和创新研究。

五、研究步骤

（一）准备阶段

1.查阅、收集资料，分析调查，组织教师学习有关理论知识和技能。

2.对与本课题相关的资料与文献进行整理、归纳，制定课题研究方案。

3.召开成员小组会议，划分子课题，确立子课题研究小组，明确分工职责，进行课题方案设计的讨论。

（二）研究阶段

1.设计调查问卷，通过访谈、调查等方法对家园共育视角下幼小衔接现状进行调查研究，并整理、分析。

2.组织课题组成员进行相关理论学习、培训。

3.全面实施本课题的研究，构建利于幼儿发展的幼小衔接课程体系，通过实践探索出家园共育幼小衔接的有效策略。

4.课题研究中，进行幼儿行为观察记录，收集数据，并进行幼儿身心发展情况测查、统计资料等系列研究活动，及时积累研究资料，不断总结、完善，及时调整课题实施的进程。

5.进行课题研究中期评估，发现问题，提出下一阶段的重点。

6.各子课题研究组进行总结、交流，提升经验，整理阶段研究成果，并撰写相关研究论文。

（三）总结阶段

1.课题组成员认真总结自己的研究成果，撰写研究心得。

2.整理优秀论文集、观察记录集、活动剪影集。

3.收集整理资料，撰写结题报告。

六、实践操作

1. 转变家长对幼小衔接的认识，开发可利用的家长教育资源

《纲要》指出："幼儿园应与家庭及社区进行密切合作，并与小学相互衔接，充分综合利用各种相关教育资源，一同为幼儿的发展创造良好的条件。"家园合作是实施幼小衔接教育必备的基础，也是实现教育目标的必要保障。课题组成员通过查阅资料、整理案例、培训学习、小组教研等途径，提高专业理论，更新教育理念，为帮助家长树立正确的幼小衔接观，开展科学的幼小衔接创造良好条件。课题组在集体学习的同时，充分开发、整合、利用家长资源，对幼小衔接可利用资源进行全面的梳理，为教师在家访、家长会等活动中实施课程需要理论、案例时提供了方便，保障了转变家长观念活动的实施。

2. 大力开展内容丰富、形式多样的幼小衔接教育活动

在家园合作优化幼小衔接教育方面，形成基本的模式和具体内容，帮助幼儿提高自主管理、生活独立等能力，让幼儿养成良好的学习习惯，具备适应小学课堂学习的能力。要帮助幼儿实现从幼儿园到小学的平稳过渡，不是通过对幼儿的简单说教就能够实现的，要让幼儿参与活动，在参与的过程中才能提高幼儿各方面能力，才能更好地适应小学生活。在实践过程中，课题组一是通过精心设计"我要上小学"主题系列教育活动，让幼儿了解小学生活，激起幼儿上小学的愿望，做好意识储备。二是组织幼儿参加参观小学活动，参观小学校园、教室、小学生上课等，让幼儿做好心理储备。在参观活动中及时发现幼儿关注点，寻找课程生长点。三是通过家园合作，充分发挥家庭和幼儿园双方的协同作用，促进幼儿的全面健康发展，做好充分的入学准备。

3. 构建利于幼儿发展的幼小衔接课程体系

基于课题、结合实际，在行动研究过程中，课题组通过树立家长正确的幼小衔接观、幼小衔接活动的开展以及师资培训提高的实践性

研究，探索出科学开展幼小衔接活动的支持性策略。如开展阳光户外活动策略，结合篮球、跳绳、跑步等运动，增强幼儿体质，保障幼儿有个健康的身体；巧用小学生现身说法策略，邀请幼儿园之前毕业的学生，从小学上课的坐姿、举手、站姿到学习方式等方面，为幼儿展示小学生的风貌；模拟小学生上课情景策略，激发幼儿对小学生活的向往等。建构优秀幼小衔接课程体系，可以培养幼儿良好的学习品质，实现课程的整体育人功能，保障幼小衔接活动的有效开展。

七、研究成效

1.从幼儿层面：有利于促进幼儿身心健康发展，更好地过渡到下一阶段的学习生活。幼小衔接阶段对幼儿来说是人生中一个非常关键的时期，而幼儿生活学习的两个重要场所就是家庭和幼儿园。通过家园共育，科学对待幼小衔接，为幼儿以后的学习生活奠定良好的基础。

2.从家庭层面：有利于提高家庭对幼儿衔接阶段的重视，转变家长的教育观念。有些家长把幼儿送到幼儿园就觉得万事大吉了，没有意识到家园共育的重要性。课题通过研究，力图引起家庭对家园合作的重视，使幼儿顺利进行幼小衔接。

3.从教师层面：有利于提高教师专业素养，更新教育方式。教师在家园共育中发挥着重要的引导作用，同时教师对幼小衔接方面的理论与实践掌握程度影响着幼儿的教育水平。课题通过研究，形成行之有效的家园共育策略，有助于教师创新教育方式。

山东省聊城莘县实验幼儿园 亓丽红

家、园、社三方协同
促进幼儿情商培养的研究方案

一、研究背景

情商是幼儿自我情绪调控和处理人际关系的一种能力，学前教育时期是幼儿情商发展的重要阶段，为此，作为教师和家长应该共同关注幼儿的情商开发与培养，为幼儿将来的发展奠定良好的基础。

家、园、社协同，是指幼儿园、家庭和社区三方发挥各自的资源优势，协同合作、相互支持、相互促进，形成教育合力。《纲要》明确指出，幼儿园应与家庭、社区密切合作，与小学相互衔接，综合利用各种教育资源，共同为幼儿的发展创造良好的条件。幼儿园、家庭和社区是幼儿成长的三大重要场所，对幼儿的发展具有重要的影响，家、园、社合作共育是学前教育发展的必然趋势，也是幼儿情商培养的有效途径。

在现代家庭教养方式、幼儿园教育环境和社会因素等多维度的影响下，幼儿的情商发展水平各不相同。通过问卷调查发现，幼儿在情商方面存在以下现状：其一，幼儿自身方面：任性、好发脾气、性情孤僻、自我管理能力弱；其二，同伴交往方面：依赖性强、自身不独立、同伴之间不能友好相处，容易发生打人、抓人、咬人等情况；其三，幼儿良好品质方面：不自信、注意力不集中、抗挫能力弱、阅读习惯差、缺乏同理心和责任心等。

根据以上问题，我们提出了本次研究课题，将对家、园、社三方协同促进幼儿情商发展的实效性和解决策略等方面做出深度研究，探索创新性、本土化、可操作的情商培养措施。

二、研究目标

1.通过文献收集、现状调查，了解当前家、园、社在幼儿情商培养教育中的现状及存在问题。

2.通过"家长沙龙""志愿者进课堂""亲子主题时光交流"三种课题活动机制，探索家、园、社协作机制下的情商培养策略，提升幼儿情绪管理能力和人际交往能力，培养幼儿良好的学习品质。

3.不断优化课题活动机制，提升教育者和养育者的教育素养，共同为幼儿构建安全健康的心理成长环境。

三、研究内容

1.通过现状调查，了解当前家、园、社在幼儿情商培养教育中的现状及存在问题。

2.通过观察、访谈、行动研究等方式，探索家、园、社协作机制下的情商培养策略。

3.在计划实施的过程中，优化三种机制的运行方式，通过反馈、分析、总结，形成研究成果报告，从而提升协同共育水平。

4.以家长沙龙、情商小课堂（志愿者进课堂）、游戏主题时光等多种活动为载体，充分挖掘家长资源和社会资源，结合教育实践发挥教育合力，共同探索并优化家、园、社合作新模式。

5.通过线上及线下不同形式的沟通说明会、专题讲座等方式，向家长介绍研究内容及研究计划。

6.通过走访调查、二次问卷等方式追踪活动效果，在运行过程中不断反思、总结，优化调整开展方式，最终形成成熟机制，整理总结，推广经验。

四、研究方法

1.文献研究法：大量查阅中外有关家、园、社协同幼儿情商培养的相关文献资料、对情商教育的研究，尤其是家、园、社协同下对幼儿情商培养的研究，收集中外教育家具有前瞻性的理论和观点。

2.调查研究法：通过家长问卷，了解幼儿在自我管理和人际交往方面的表现，收集家长的困惑、苦恼及期待；调查家长在处理幼儿自我管理和人际交往方面问题的主要方式与宝贵经验。

3.行动研究法：制订年度共育行动计划，在实施过程中对年度共育行动计划的可行性、达到预期目标的程度及相关问题进行评估，为家、园、社协同促进幼儿情商培养提供实证支撑。

4.经验总结法：通过问卷、访谈确定多个追踪个体，在较长一段时间内连续进行调查、了解、收集资料，形成课题研究的分析报告，指导课题研究。

5.访谈法：访谈幼儿园一线教师、幼儿家长，深入了解目前幼儿在园、在家的表现情况，结合问卷制定相应机制，深化课题研究。

五、研究步骤

（一）准备阶段

1.课题小组成员集体拟定一轮调查问卷，通过调查问卷的方式向家长、一线教师进行调查，了解幼儿在家、在园的自我情绪管理和人际交往的表现情况，形成初期调查报告。

2.在班级招募家长志愿者，课题行动小组确定个案追踪对象。

（二）项目推进

1.召开课题机制说明会，介绍"家长沙龙""情商小课堂""游戏主题时光交流"等活动形式，启动并推进课题活动计划。

2.每月召开一次家长沙龙活动，提倡家长自愿参与，初期以交流教育观念、读书分享、体验式教研情商课堂活动、商讨筹划社区活动等内容，活动形式可根据实际需要不断创新。

3.由家长和教师分别组建情商小课堂，分别面向班级幼儿和社区，商讨志愿队章程，不断挖掘各自资源优势。

4.举办亲子互动活动和亲子社会实践活动，记录活动内容及感悟，留存资料录入幼儿成长档案，也作为家长沙龙的分享内容，共同发现问题或交流收获。

（三）中期汇总

1.课题小组成员集体拟定二次调查问卷，通过二次调查问卷、访谈、个别案例追踪等方式，了解家、园、社协同促进幼儿情商培养的效果与问题。

2.根据实际情况，适当调整策略，优化开展活动的方式，形成二次调查报告和中期报告。

（四）实践验证

1.课题小组成员提炼总结课题成果，优化成熟机制。

2.完成实践研究报告，留存研究成果。

3.邀请专家论证研究成果。

六、实践操作

1.营造良好的幼儿生活环境，促进幼儿健康发展

家庭是培养幼儿情商的第一学校，父母是第一任老师。家庭的结构模式、家庭氛围和榜样作用、父母的言行举止都直接影响幼儿的心理、个性及思想品德。和谐的亲子关系是家庭中的重要关系，让幼儿从小就体验到亲人的爱和家庭的温暖，可以促进幼儿的身心和情绪健康发展；反之，如果失去家庭温馨的环境，幼儿在孤独和缺乏安全感

的环境中生活，难免会表现出孤僻、冷漠和叛逆等不良心理和行为。

家长不要居高临下地与幼儿交谈，不要替幼儿决定、包办一切，更不要把自己的意愿强加在幼儿身上，而应该关注幼儿的自主、情感、存在和价值，把幼儿真正当成有自主意识的人，让幼儿掌握自身发展的主动权，成为自身发展的主人。

2.通过闭环机制的实施，帮助幼儿认知自我和了解外在世界

我们要想提高幼儿的情商，就要提高幼儿对自我的认知和对外在事物的了解。进课堂甄选的绘本主题大多取材于现实生活，与幼儿的日常生活密切相关，教师和志愿者们作为幼儿教育活动的引导者，在进课堂教学活动时，充分关注幼儿了解自我的能力。

通过进课堂的绘本活动，提高幼儿对外在世界的认知，并在学习的过程中进一步认识自我，从中找到自身存在的缺点，以绘本的人物角色为榜样，不断学习与成长。甄选的优秀绘本通常具有积极向上的特点，能为幼儿提供正面的价值教育，易激发幼儿的情绪共鸣，提升幼儿的自我认识和了解外在世界的能力。

3.突破情绪主题活动，引导幼儿学会管理情绪

幼儿在日常生活中面对不如心意的事物时，往往会产生生气、悲观、失落的消极情绪。反之，面对一些自己喜欢的事物时，就会表现出夸张的开心和满足。针对幼儿情绪善变的特点，我们准确、及时地捕捉幼儿情绪情境，重点开展主题教育情绪管理活动，帮助幼儿学会识别、控制自己的情绪，寻找正确发泄情绪的方法，做情绪的小主人。例如绘本《爱哭公主》中的爱哭公主因为一点意外哭闹起来，妈妈交给她一个不哭咒语，接下来爱哭公主克制了自己的情绪，不再是爱哭公主了。通过一个温馨小故事，妈妈教会孩子学会控制自己的情绪，提高自身的耐挫力，遇到困难时能够慢慢保持冷静，寻找解决困难的办法，并在挫折与困境中提升自己，慢慢让自己坚强起来。

情商培养需要学会共情，而共情的前提就是能够第一时间识别他人的情绪。教师和志愿者进行绘本教学活动时，要善于发现绘本中的

重点情节并与幼儿的日常生活事件进行关联,通过学习绘本中有价值的情节,让幼儿亲身体验日常生活事件带来的情绪变化,与故事中的人物角色产生共情,从而领悟绘本内容的教育价值。

经过这段时间的主题教育活动,幼儿阅读绘本时就会不自觉地将自己的思想和情感融入其中,这就实现了幼儿共情能力的培养。幼儿面对生活中遇到的问题或者与其他人交往时也就可以将自己与他人的情感结合起来,从而想他人之所想,达成共情。

4.重视培养幼儿的人际交往和解决问题的能力

人际交往能力是情商培养的重要内容,现在的幼儿家庭人际关系简单,缺少与人交往的机会,限制了幼儿的情商发展。家长应经常鼓励幼儿学会和同学、朋友交往,建立良好的人际关系,体验交往的乐趣;在与人交往过程中学会尊重他人,积极地理解别人,能够包容他人的观点和行为,乐于与人交往;在交往中自信地表现自我,懂得"己所不欲,勿施于人"的道理。

七、研究成效

本课题从情商的价值内涵出发,在基于现状调查、行动研究的基础上,从提升教育者和养育者的素质出发,以共同营造情商氛围、创设安全健康的心理环境为前提,不断发现问题,持续探索科学、有效的家、园、社协同培养策略。

本课题不仅仅是策略上的研究,更是从实际调查的结果出发,以三位一体的机制运行为保障,以调整教师及家庭成员的深层心理认知为前提,不断探讨更适宜的引导和回应方式。结合社会实践进行内化,达到教育者、养育者和幼儿共同提高的目的。整理出一系列系统化、可持续、利于推广的家、园、社协同促进幼儿情商培养研究成果。通过运行不同的活动机制,探究不同机制的有机结合,为家、园、社协同促进幼儿情商培养提供系统化、可操作的实践范例,为此类相关实践工作提供明确指导，活动模式可推广至其他幼儿园，为实践探索者提供活动支持。

山东省淄博师范高等专科学校附属幼儿园　韦国芳

优化科学园本课程中
提升教师专业能力的研究方案

一、研究背景

　　青年教师是幼儿园创造性实施科学园本课程的基础，是幼儿园课程不断完善的保证。多年来，我们注重不断深化科学园本课程，但发现青年教师缺少优化科学园本课程的理论知识、缺少促进青年教师优化科学园本课程的激励机制、缺少优化科学园本课程的物质基础、缺少广泛有利的社会支持。

　　鉴于以上情况，我们需要借助优化科学园本课程提升青年教师的专业能力，以优化科学园本课程为切入点，不断提升青年教师的专业素质，激发其潜能，挖掘科学园本课程中一切可利用的资源，充分为科学园本课程实施服务，不断加快课程改革的步伐，使科学园本课程实施日趋高效、科学。

二、研究目标

　　1.创设多种科学园本课程学习平台，提升青年教师的能力素养，为幼儿园科学特色打下基础。

　　2.加强科学活动的教学研究，在实践中不断探索科学活动的指导策略和方法，形成有效的教学模式，提高教师对科学活动的组织与实践能力。

3.在多种科学教学及形式中,不断探索、调整适合幼儿科学发展的科学园本教材,促进幼儿科学素养的提高及提升教师教育指导能力。

三、研究内容

1.创设多种科学园本课程学习平台,研究如何提升青年教师的能力素养。

创设多种途径为青年教师提供学习机会,使青年教师在反思—实践—再反思—再实践的过程中,专业能力得到有效提升。

2.对科学活动中有效的教学模式与指导策略的研究。

尝试运用一课多研、同课异构、平行组教研等多种形式,增强青年教师对科学园本教学特点、方法的领会把握,总结并规范为一套具备较高针对性和操作性的教学模式与指导策略,提高青年教师科学园本活动的组织与实施的能力。

四、研究方法

1.行动研究法:这种方法贯穿研究始终,在实践基础上不断验证、充实、调整方案,提出新的实施策略付诸实践。

2.调查研究法:了解幼儿园开展科学活动的现状,为课题实施提供依据。

3.个案研究法:主要跟踪不同年龄段幼儿、不同层面教师,针对科学活动兴趣、素养、理念更新、行为落实等问题,用多种方式收集、记录个案信息,分别进行解读、分析与研究。从案例中总结有益的经验,归纳组织与实施的有效策略。

4.文献分析法:本课题在选题、设计方案和整个研究过程中,都将运用文献调查法,通过资料检索,收集与相关文献的分析研究,进行同类课题的分析比较，为本课题的研究提供理论支撑与方向引领。

五、研究步骤

（一）前期准备阶段

1. 成立课题组，起草研究方案。

2. 查阅文献资料、确立研究对象。

3. 修改、完善研究方案。

4. 进行课题前期研究的小结工作。

（二）实施阶段

1. 组织课题组成员进行相关理论学习和交流。

2. 严格执行更改后的研究方案，每周五集体开展科学园本活动，新周一平行组组长带领教研，完善科学园本课程组织与实施的过程性资料。

3. 通过定期开展相关理论的学习以及查阅相关文档资料，帮助青年教师及时了解最新的教育理念。

4. 期末开展科学教育活动大观摩，彼此学习，共同评价，不断提高。

5. 全面开展课题研究工作，不断进行总结，并根据具体进展及时调整研究进度。

6. 召开课题研究的中期碰头会，发现问题及时探讨，并提出下一阶段的研究重点。

7. 撰写课题中期报告。

（三）总结整理阶段

1. 对相关资料进收集整理，起草相关报告。

2. 交流提升，起草论文预期研究成果。

3. 撰写课题结项报告。

六、实践操作

(一)提高青年教师自身综合素养

我们创设多种科学园本课程学习平台,提升青年教师的能力素养。

1.学习是青年教师专业成长的领路人

(1)利用科学园本教研活动,在青年教师中深入开展《指南》《纲要》等幼教纲领文件的学习,进行科学园本专题培训,促使青年教师理论与实践相结合,提升专业化水平。

(2)为了让青年教师树立终身学习的思想,幼儿园创造条件为青年教师统一购买书籍,鼓励其多读书,随后撰写心得感悟,在学习先进理论的同时,深化工学结合。

(3)先后派青年教师到外地学习,吸收先进的经验;邀请专家举办科学园本专题讲座;组织教师参加省市区的专题培训;定期观摩学习优秀的科学教学活动展示;随后要求青年教师根据所学所思,及时撰写学习感悟,加深学教互动。

2.教研是青年教师专业成长的催化剂

组织各种业务练兵活动,如全园青年教师科学园本教育活动亮相课、平行组科学园本教研、学期末科学园本资料评比等,为青年教师相互学习提供机会,多途径促进青年教师的业务素质提升。

3.反思是青年教师专业成长的诊断师

鼓励青年教师善于反思科学园本课程开展过程中的问题,写出反思记录,并尝试运用理论知识思考、研究和解决问题,从而增强青年教师的问题意识和解决问题的能力。青年教师在反思—实践—再反思—再实践的过程中,专业能力得到了有效提升。

(二)加强青年教师之间的合作

优化科学园本课程是一项需要集体完成的工作,闭门造车、依靠个人的力量势必不能完成优化的科学园本课程。为此,青年教师加强彼此之间的合作，展开交流和对话，通过互相观摩、学习、借鉴、评价等，及时发现存在的各类问题，共同研究解决办法。我们提倡青年教师间的合作，或拓展到不同幼儿园之间教师的合作；同平行组教师间的合作或是跨年龄班间的合作；与授课教师间的合作，或是与本园经验型教师、导师、课题组教师的合作；在园本科学教学时间内的合作或利用备课时间，青年教师可以根据实际情况进行不同的选择。

我们也利用现代网络技术和教育技术的发展，为青年教师的合作提供了更多的平台，打破了时间和地点的限制，为不同城市、不同区域的青年教师合作提供可能，推动青年教师通过合作不断取长补短、增强能力素养。

（三）创新教研活动方式

我们以全园教研为主，平行组教研为辅，每平行组由教龄稍长的青年教师担任平行组组长，每平行组针对平行组集体讨论的主题开展针对性的教研活动。尝试运用一课多研、同课异构、平行组教研等多种形式，增强青年教师对相关教学特点、方法的领会把握，总结并规范为一套具备较高针对性和操作性的教研模式。

为了快速、有效提高幼儿园青年教师的专业素质，让老教师做好模范引领作用，我们成立了"导师服务中心"，导师通过在优化科学园本课程的研究中，提高青年教师的反思、总结和改进课堂教学的能力。青年教师在不断地反思和提升之后，持续增强自身的学习能力、适应能力，从而满足不同幼儿的多元化发展要求。

临近期末，幼儿园对本学期科学园本课程开展情况进行了教研、总结。交流会上，每位导师分析了自己所带的青年教师一学期以来的成长情况，围绕科学园本教学活动的有效展开、班级科学区角材料的投放等进行讲评。青年教师有了长足的进步，对新的教育教学理念的学习劲头更足，对科学园本教学方式方法的掌握更灵活。

（四）实施激励性的评价措施

在优化科学园本课程的初始阶段，青年教师因缺少相关经验，难免感到这项工作有压力，会产生抗拒、排斥的心理。我们适当减少青年教师的工作量，给其足够的时间和精力参与科学园本课程的优化，并对青年教师在优化科学园本课程中的进步给予及时肯定，让其获得更多成就感和认同感，以此调动青年教师参与科学园本课程的主动性，使教师从"要我干"变为"我要干"。

健全科学园本课程评价机制，完善的评价机制能推动幼儿园准确把握相关成效和存在问题，并及时加以修改，从而推动科学园本课程的持续完善。

（五）争取幼儿家长的配合和理解

家长的配合、理解和支持是确保科学园本课程开发的重要外部条件。在家园互动中，幼儿园可以获得更多的重要信息，为科学园本课程提供有益的参考。青年教师需要从家长那里更好地了解幼儿，从而确定适合幼儿发展的科学园本课程设计。我们采取多种方式，调动家长及幼儿参与到科学园本课程优化中，打造民主开放的科学园本课程优化体系。通过种种系列活动，青年教师对课程的认识得到深化，能力进一步得到提升。

（六）优化科学园本课程资源的开发和利用

我们注重发动青年教师开发优质资源，推动科学园本课程的发展。例如：幼儿园周边单位的物质环境资源，包括活动材料、活动场所等，通过协商的方式加以共享。另外，幼儿家庭的废旧材料、电器设备、家里养的植物动物、各种科学书籍等，我们都作为潜在的科学园本课程资源加以优化、利用。在更好地运用这些优势资源的基础上，青年教师自身的教学理念、观点得到最大程度地显现，从而实现了青年教师的不断发展。

七、研究成效

在优化科学园本课程的过程中，青年教师不断更新相关理念，提升素养、能力，充分意识到自己是课程优化的主体，既有权利也有义务对园本课程进行优化，提升科学园本课程的科学性，并将自己充分思考后的教育理念融入科学园本课程优化中。

青年教师从激发幼儿的爱好和兴趣出发，做好对园本课程资源的选择，从而培养幼儿各项能力；结合幼儿实际情况，对相关理论课程方面的最新成果和知识，包括课程设计、开展进度等各方面有充分把握。青年教师在不断反思教学、总结教学经验中，提高了对科学园本课程优化的研究能力。

河南省郑州市金水区新建幼儿园　陈莉娜

课程游戏化下的幼儿园教师创造性智慧培养的研究方案

一、研究背景

课程游戏化就是让幼儿园课程更贴近生活，更生动一些，更有趣一点，活动形式更多样化一点。幼儿动用多种感官探究、交往和表现的机会更多一些，幼儿的自主性和创造性更充分。

每个幼儿都是独特的存在，既有不同的背景和起点，又有各异的需要和满足，如何基于幼儿的年龄特点进行游戏化课程的开发与实施，是我们需要思考的问题。如果我们能够认同《纲要》所倡导的个性化发展的培养目标，那么就必须鼓励和开发能够适应差异发展需要的游戏化课程模式。

课程游戏化是一个课程建设的过程，在这个过程中，教师的专业能力将起到关键的作用。课程游戏化项目的实施过程，也应该是教师专业能力不断提升的过程。课程游戏化的关键在教师，焦点在幼儿，幼儿行为折射教师的思想和作为。

教师专业能力的缺失一直是困扰幼儿园课程建设的重大问题，而创造性智慧更能体现教师课程建设水平和课程实践水平。基于此，我们将开展《课程游戏化背景下幼儿园教师创造性智慧培养的实践研究》，注重在课程游戏化背景下创造性智慧培养的形式与内容，追求对活动资源的开发与利用，提升教师课程实施的质量，从而良好地促进幼儿个性化发展。

二、研究目标

1.改变教师传统的思维模式，激活内驱，实现教师的自我引导，体验职业幸福。

2.培养教师创造性智慧和能力，提升课程质量，促进幼儿发展。

3.探索园本教研改革的路径方法，提升园本教研质量，凝练教研文化。

三、研究内容

1.分析、了解幼儿园教师创造性智慧缺失的现状，对创造性智慧的文献进行研究。

2.研究课程游戏化理念下幼儿园教师创造性智慧机制。

3.基于游戏环境材料开发支持的智慧。

4.基于问题情境游戏化地引导智慧。

5.基于儿童观察的反思性智慧。

6.基于多维互动的课程游戏化生成智慧。

四、研究方法

1.调查研究法：借助调查问卷、教师访谈等方式，了解目前幼儿园教师创造性智慧缺失的现状，并分析原因。

2.文献研究法：收集和查阅有关文献资料，为课题研究提供科学的依据。研究离不开理论的指导，"他山之石，可以攻玉"，因此，本课题的研究将结合大量相关文献、资料的查阅和学习，使研究更加深入和有效。

3.观察法：在本课题中，教师通过观察区域游戏现场幼儿与环境、幼儿与材料、幼儿与幼儿等的互动情况，反观游戏材料投放的适应性。

4.案例分析法：依照研究目标开展作品分析、专题研讨、活动反思等案例研究，在不断发掘、实践、反思中总结提炼出课程实施策略。

5.行动研究法：通过分析与研究，在研究过程中更新学习观念、在实施中发现问题、调整优化计划成为一个循环体，不断促进课题的开展；在研究的实践过程中，培养教师创造性智慧，实现个人价值。

五、研究步骤

（一）准备阶段

1.进行选题论证，设计研究实施方案，完成课题申报立项工作。

2.查阅文献资料、收集相关研究的成果信息，为课题研究做前期准备。

3.确定研究时间：两周一次固定或网络学习研究，一月一次进现场。

4.组建三大研究组：亲自然课堂研究组、区域游戏研究组、课程故事开发组，明确分工职责，制订子课题研究计划。

5.健全学习交流的制度，学习有关文献资料，进行前期学习和培训。

（二）实施阶段

1.在实践和学习的基础上，继续深化和完善课题研究方案、计划书。

2.制订每学期研究计划，有计划地分阶段进行研究。

3.梳理园所现有的观察智慧、课程开发智慧、评价智慧、作品分析智慧、谈话智慧、活动组织智慧。

4.开展幼儿园区域材料投放和优化的组织研究。

5.做好研究资料的归类及整理工作，迎接课题中期评估，形成阶段性课题研究报告。

（三）结题鉴定阶段

1.对课题研究过程中取得的经验进行理性的梳理和总结，完成课题研究结题报告的撰写。

2.收集、整理活动方案，进行亲自然课堂、亲自然游戏、亲自然课程案例活动设计的汇编。

3.整理课题研究中教师撰写的相关经验总结、优秀案例分析和论文。

六、实践操作

（一）依托研究，发现儿童力量

1.基于方案，提前学习：每月走进幼儿活动现场，学习相关年龄段幼儿的特点，根据自己观察的需要，制定适宜的观察记录量表，并根据每月开放现场预设行动路径，进行有目的的观察。

2.基于现场，及时教研：将自己观察到的及时反馈与探讨，形成一定的经验梳理，提升自我专业素养，同时及时反馈到自己的班级，将现场和教研场的经验在班级进行最大化的体现与实践。

（二）立足项目，拓展学习路径

在教师创造性智慧的培养过程中，立足项目，点面结合有目的、有计划地开展研究活动，促使集体教学、区域游戏、案例分享等主题板块的活动逐层推进，每个环节都围绕研究重点深入剖析。

1.教学研讨，立足观察：教师进入到每一个教学现场都要带好观察记录表，做到心中有目标、眼中有幼儿。

2.区域游戏，立足全面：区域游戏的开展，教师除了要关注游戏中幼儿的游戏表现，还要关注活动区中的材料投放以及幼儿与材料的互动情况，并做客观真实的记录，在真实的情境中发现问题、及时跟进，从而促进幼儿更好地发展。

3. 案例分享，立足生活：每一次的课程案例分享，教师呈现的是幼儿在学习过程中的问题与路径，课程从幼儿的生活中来，更能激发幼儿探索的兴趣。一日生活皆课程，教师要有敏锐的课程资源意识。

七、研究成效

（一）更新教师观念

在一日生活的各个环节中有不同的观察方法，教师的观察从需要出发，呈现个性化，使观察成为习惯。通过观察，在潜移默化中更新教师观念，使其了解到儿童是天生的主动学习者，教师是幼儿发展路上的观察者、引导者、支持者。教师和幼儿都是课程的参与者、开发者，课程是不断开发生成的过程。教师也能够追随幼儿兴趣，思考如何深入推进主题的实施，更注重幼儿的收获与发展。

（二）环境改造更自然

每个班在走廊上创设自然诱导区，班内创设自然拼搭区，让幼儿与自然物近距离接触，直接感知、体验。户外环境新增了虫虫王国、二十四节气迷宫、种子博物馆，定期更新主题，材料都在幼儿看得见、触手可及的地方，随时可以与环境互动。

（三）课程更适宜

在园本化实施主题活动外，各班还个性化地开展班本化课程，每一学期进行班本课程故事评比，拓宽教师眼界、积累丰富的经验，同时也为新教师开展课程提供了学习资料。教师能够有意识地从幼儿的兴趣出发去开展课程，使课程的开展更加适宜和有趣，且形成了"小微课程集"，从小处入手，追随幼儿，逐渐深入，分组实施，彰显教师智慧。

(四) 幼儿获得多方面发展

在课程实施中,教师通过作品解读、谈话交流、故事描述、观察记录等方式对幼儿进行发展性评价,使幼儿间的交往更自然、幼儿的创造力更丰富、幼儿的动手能力更强。

江苏省常州市新北区魏村中心幼儿园　李亚琴